小学语文教学与传统文化的融合研究

亓明国◎著

吉林文史出版社

图书在版编目（CIP）数据

小学语文教学与传统文化的融合研究 / 亓明国著
. -- 长春：吉林文史出版社，2023.6
ISBN 978-7-5472-9469-7

Ⅰ．①小… Ⅱ．①亓… Ⅲ．①小学语文课－教学研究
Ⅳ．① G623.202

中国国家版本馆 CIP 数据核字（2023）第 110801 号

XIAOXUE YUWEN JIAOXUE YU CHUANTONG WENHUA DE RONGHE YANJIU

书　　名　小学语文教学与传统文化的融合研究
作　　者　亓明国
责任编辑　陈　昊　张　蕊
出版发行　吉林文史出版社有限责任公司
地　　址　长春市福祉大路 5788 号
网　　址　www.jlws.com.cn
印　　刷　北京四海锦诚印刷技术有限公司
开　　本　787mm×1092mm　16 开
印　　张　10.75
字　　数　255 千字
版　　次　2024 年 4 月第 1 版　2024 年 4 月第 1 次印刷
定　　价　52.00 元
书　　号　ISBN 978-7-5472-9469-7

前　言

　　为贯彻习近平新时代中国特色社会主义思想和党的十九大精神，落实全国教育大会精神和中共中央办公厅、国务院办公厅《关于实施中华优秀传统文化传承发展工程的意见》，充分发挥中小学课程教材承载的中华优秀传统文化教育功能，教育部 2021 年 1 月颁布了《中华优秀传统文化进中小学课程教材指南》。中华优秀传统文化进课程，是强化中华优秀传统文化铸魂育人功能，落实以中华优秀传统文化涵养社会主义核心价值观，实现中华优秀传统文化传承发展系统化、长效化、制度化的重要举措。小学语文教学在语文教育中有着举足轻重的地位，小学语文不仅是提升学生语言运用能力和思维能力的主要课程，更是培养学生审美创造和文化自信的重要课程。把中华传统文化融入小学语文教学之中，可以让学生在日常学习中进一步了解中华传统文化，增强学生对中国文化的自信心和自尊心。教师要清晰地认识到在语文课堂开展传统文化教育的意义，不断提升自己的综合素养，运用科学合理的教学方法，将小学语文教学与传统文化进行有效融合，让学生更加积极地欣赏、学习传统文化，增强文化自信，提升语文核心素养。

　　鉴于此，笔者撰写了《小学语文教学与传统文化的融合研究》一书。全书在内容编排上共设置六章，第一章主要阐述小学语文的教学理念与主要特征、小学语文课程教学及其性质、小学语文教学中教师的基本技能、小学语文教学与传统文化融合的现状；第二至五章分别从小学语文教学资源、小学语文知识教学、小学语文阅读教学、小学语文个性化写作教学等方面探讨小学语文教学与传统文化的融合；第六章为小学语文教学与传统文化融合的实践研究，内容涵盖小学语文文言文教学与传统文化的融合方法、小学语文古诗词教学与传统文化的融合实践、信息技术下小学语文教学与传统文化的融合、小学语文教学与传统文化融合的具体策略研究。

　　本书有以下特色：第一，语言通俗易懂，没有使用生僻的专业理论词汇和晦涩难懂的语句；内容结构明晰，有理论知识和实际应用模块；第二，理论联系实际，全面地对小学语文教学与传统文化的融合进行了分析和解读，从多方面和多角度结合实际状况做出了相关阐述。

　　笔者在撰写本书的过程中，得到了许多专家学者的帮助和指导，在此谨表谢忱。由于笔者水平有限，加之时间仓促，书中所涉及的内容难免有疏漏之处，希望各位读者多提宝贵意见，以便笔者进一步修改，使之更加完善。

目　录

# 第一章　小学语文教学理论与传统文化现状

第一节　小学语文的教学理念与主要特征

一、小学语文的教学理念

（一）小学语文教育的科学理念

科学，一般是指对事物的内在联系和规律的抽象认识。小学语文教育中的科学理念可以理解为：把握小学语文教育的内在联系，遵循小学语文教育的客观规律。下面从两个方面来分析科学理念的具体内涵：

第一，小学语文教师教学理念的科学化。小学语文教育是小学语文教师对小学进行语文课程相关内容教学的过程。这个定义凸显了教师的作用，如果教学过程缺乏教师的参与，就不能叫作教育。因此，教育必须强调教师的作用，而教师参与教学过程又是在教学理念的指导下进行的，如果没有科学的教育理念为指导，教师就很难开展科学的教学，教学效果自然很难称得上良好。因此，要推进科学的小学语文教育，就必须具有一支在科学教育理念指导下的教师队伍。只有努力培养教师科学的语文教育理念，提高教师科学的语文教学水平，小学语文教育才可能实现教学的科学化。

第二，小学语文教育手段的科学化。教育手段一般是指教学过程中借助的教学工具。教学手段的科学化实际上就是教学工具的科学化，一般是指教学辅助工具、多媒体设施、图书馆的科学化。教育的科学化不仅仅是指教师教学理念的科学化，更离不开的教育手段的科学化。教师传递知识一般都要借助一定的教学手段和设施，教学手段和设施的现代化、科学化水平在一定程度上影响着教学效果。因此，提倡小学语文教师教学理念的科学化，小学语文教育手段和设施就得同时实现科学化。

（二）小学语文教育的民主理念

民主是指主体之间的互相尊重与互动，理性倾听各方的意见，进而达成共识的一种理念。因此，民主实际上有两方面的意思：一是主体之间的平等，如果没有平等的主体地位，主体之间就不可能进行平等的对话与交流；二是包容的心态，也就是主体之间的交流

应该抱着理性的态度，对于不同的意见和观点应持包容的心态。

在小学语文教育中，民主理念也有两个层面的内涵：一是教师民主；二是学生民主。所谓教师民主"是指参与管理文化事业，尤其是学校内部事务的特定权利"①，推进教师民主最关键的着力点是学校教育体制的民主化，要让小学语文教师在学校管理之中感受到民主的气息。

所谓学生民主一般是指课堂上的民主和教学过程中的民主，这种民主存在于教师和学生之间。教师与学生之间并非命令与服从的上下级关系，而是一种主体地位平等的师生关系，所以，教师应该尊重学生的主体地位。在小学语文教学过程中，语文教师应鼓励学生参与课堂互动，调动学生参与语文教学过程的积极性，形成一种具有学生民主的氛围。

（三）小学语文教育的人本理念

人本理念的核心是以人为本，在教育过程中就是以学生为本。在小学语文教育中，学生不仅仅是教育的对象，更是主动学习的主体。小学语文教师应该以学生为本，关爱学生，一切以学生的健康成长为重。小学语文教育应该以关爱生命、塑造全人的教育理念来指导教育实践。关于小学语文教育中的人本理念，可以从以下两方面进行理解：

第一，教师视野的人本理念。教师视野的人本理念是指教师对学生的人文关怀，也是人们经常主张的教师应该关爱学生的教育精神。提倡教育的人本理念具有重要意义，不仅对于提高教师的道德水平，而且对于学生的健康成长都具有重要作用。具体到小学语文教育上而言，关爱学生、以学生为本不仅是现代小学语文教育的基本理念，也是小学语文教师应该具备的基本素养。

第二，对学生进行人本理念的教育。教育的人本理念不仅存在于教师的思维之中，也同样存在于教师对学生的教育过程之中。人本理念的最大价值追求就是实现教育的人本化和提高学生的人本思想水平。如果一个学生只具有应试能力而没有最基本的人文关怀，那么他走到社会之中也会因为缺乏人本思想而被淘汰。因此，树立学生的人本观念就需要教师平时对学生进行人本教育。在小学语文教育中，小学语文教师应该在课堂教学中适当引入人本观念的思想，加强对学生的教育，让学生懂得以人为本的思想，从而懂得自爱和关爱他人。

二、小学语文的主要特征

随着新课程标准改革的推进，现代教育理念和教育方式也引起更多人的关注。在现代化教育模式的背景下，教育的特点也在不断发展，教育观念和教育方式的变化，教育手段

① 梅献中. 教师民主权利刍议 [J]. 韶关学院学报，2010，31（10）：71.

的提高，使现代教育独具特色。

（一）打破传统的教学观念

小学语文教师的教育观念在不断更新，与时俱进，他们对于自身角色的定位也更加清晰。例如，在学生和教材之间，语文教师主要起桥梁作用。教师的主要任务是让学生从教材中收获知识，是学生和教材相互联系的中介。当学生与教材交流遇到难题时，教师应及时予以指导，需要注意的是不能强迫学生接受自己的观点，要尊重学生对教材的理解。小学语文教师要随着教育改革的不断推进，调整自身的定位和角色，以提高学生核心素养为目标，尊重学生的个性化发展，培养学生的创新能力，使他们养成良好的语文学习习惯。

（二）激发学生的学习兴趣

兴趣是最好的老师，让学生产生学习的兴趣和动力，才能调动学生学习的主动性，让学生变被动学习为主动学习。学生对学习有了兴趣，学习过程才能成为一种享受。例如，教师用富有感情的语气朗读课文时，学生可以从教师的朗读中受到感染，体会到文字的魅力，感受到语言的韵味。小学语文教师在具体的教学中，需要注重激发和培养学生的学习兴趣，使语文课堂生动有趣。注重兴趣教学，也是现代小学语文教学的一个特点。

（三）培养学生的创新能力

创新是一个民族和国家发展的动力和源泉。当前国际社会中，为了更好地适应经济和信息化时代发展的步伐，教师需要培养学生的创新能力。如何培养学生的创新能力，是教育工作者所要承担的一项艰巨任务。需要注意的是，学生创新能力的培养是需要在潜移默化中进行的。对于小学生而言，需要重点培养的是创新意识和创新精神，教师对于学生的评价不应该以分数高低进行衡量，而应该从学生的整体素质出发，既要关注考试成绩，更要关注学生的特长和能力的培养，特别是创新能力、自主学习能力、与他人合作学习的能力、学习态度和动手能力等。

（四）突出重点教学内容

对于语文学科，阅读和写作是重点内容，小学语文教学的重点应该侧重于这两大模块，并努力将两者相结合。阅读是写作的基础，写作是检验阅读的成果，是一种再创造。目前，小学语文教学十分重视阅读教学和写作教学。小学语文教师也要关注当前教育发展的新动态，将教学重点放在阅读和写作方面。

（五）教学方式的科技化

信息技术的不断发展，使得多媒体教学在小学教育中发挥着越来越重要的作用。课堂是学生学习的重要场所，课堂教学需要想办法调动学生学习的积极性和主动性。教师在课堂教学中要灵活地运用多媒体教学手段，以吸引学生的注意力，营造良好的课堂氛围，激发学生的学习兴趣，使学生在轻松愉快的氛围中学习知识。教师在教授新课时，要注意导入的方式，不能过于枯燥，否则不利于调动学生学习的积极性。课堂教学中，多媒体技术的运用能够很好地吸引学生的注意力，让学生产生浓厚的学习兴趣，在无形中接受知识的熏陶。小学语文教学需要注意现代科学技术的运用，不断更新教学手段，这也是当前小学语文教学的一个突出特点。

现代语文教学特点突出，需要小学语文教师与时俱进，关注教育教学发展的新动态，特别是当代小学语文教学的特点，以便更好、更有针对性地进行教学。

第二节　小学语文课程教学及其性质分析

一、小学语文课程教学

"小学语文课程教学是塑造学生人格和素质的重要途径，因此，提升小学语文课程教学的有效性显得尤为关键。课程有效性的提升，不仅可以促进学生对语文知识和技能的掌握，而且还可以培养学生的道德和文化素质，陶冶学生的性情，发展学生的智力。"[①] 在2022年的《义务教育语文课程标准》中，关于小学语文课程教学，提到了以下内容。

（一）小学语文课程教学的理念

第一，立足学生核心素养的发展，充分发挥语文课程的育人功能。小学教育中，语文课程围绕立德树人的根本任务，充分发挥其独特的育人功能和奠基作用，以促进学生核心素养发展为目的，以识字与写字、阅读与鉴赏、表达与交流、梳理与探究等语文实践活动为主线，综合构建素养型课程目标体系；面向全体学生，突出基础性，使学生初步学会运用国家通用语言文字进行交流沟通，吸收古今中外优秀文化成果，提升思想文化修养，建立文化自信，德智体美劳得到全面发展。

第二，构建语文学习任务群，注重课程的阶段性与发展性。小学语文课程的结构应遵循学生身心发展规律和核心素养形成的内在逻辑，以生活为基础，以语文实践活动为主线，以学习主题为引领，以学习任务为载体，整合学习内容、情境、方法和资源等要素；设计语文学习任务群。学习任务群的安排要注重整体规划，根据学段特征，突出不同学段

① 徐鑫. 提升小学语文课程教学有效性的策略探究 ［J］. 北方文学, 2019（6）: 189.

小学语文教学与传统文化的融合研究

学生核心素养发展的需求，体现连贯性和适应性。

第三，突出课程内容的时代性和典范性，加强课程内容的整合。小学语文课程应突出内容的时代性，充分吸收语言、文学研究新成果，关注数字时代语言生活的新发展，体现学习资源的新变化。

（二）小学语文课程教学的目标

小学语文课程围绕核心素养，确立课程目标。核心素养是学生通过课程学习逐步形成的正确价值观、必备品格和关键能力，是课程育人价值的集中体现。义务教育语文课程培养的核心素养，是学生在积极的语文实践活动中积累、建构并在真实的语言运用情境中表现出来的，是文化自信和语言运用、思维能力、审美创造的综合体现。

第一，文化自信。文化自信是指学生认同中华文化，对中华文化的生命力有坚定信心。通过语文学习，热爱国家通用语言文字，热爱中华文化，继承和弘扬中华优秀传统文化、革命文化等，关注和参与当代文化生活，初步了解和借鉴人类文明的优秀成果，具有比较开阔的文化视野和一定的文化底蕴。

第二，语言运用。语言运用是指学生在丰富的语言实践中，通过主动的积累、梳理和整合，初步具有良好的语感；了解国家通用语言文字的特点和运用规律，形成个体语言经验；具有正确、规范运用语言文字的意识和能力，能在具体的语言情境中有效交流沟通；感受语言文字的丰富内涵，对国家通用语言文字具有深厚感情。

第三，思维能力。思维能力是指学生在语文学习过程中的联想想象、分析比较、归纳判断等认知表现，主要包括直觉思维、形象思维、逻辑思维、辩证思维和创造思维。思维具有一定的敏捷性、灵活性、深刻性、独创性、批判性。有好奇心、求知欲，崇尚真知，勇于探索创新，能养成积极思考的习惯。

第四，审美创造。审美创造是指学生通过感受、理解、欣赏、评价语言文字及作品，获得较为丰富的审美经验，具有初步的感受美、发现美和运用语言文字表现美、创造美的能力；涵养高雅情趣，具备健康的审美意识和正确的审美观念。

核心素养的四个方面是一个整体。语言是重要的交际工具和思维工具，语言发展的过程也是思维发展的过程，两者相互促进。语言文字及作品是重要的审美对象，语言学习与运用也是培养审美能力和提升审美品位的重要途径。语言文字既是文化的载体，又是文化的重要组成部分，学习语言文字的过程也是学生文化积淀与发展的过程。在语文课程中，学生的思维能力、审美创造、文化自信都以语言运用为基础，并在学生个体语言经验发展过程中得以实现。

1. 小学语文课程教学的总体目标

（1）在语文学习过程中，培养爱国主义、集体主义精神，逐步形成正确的世界观、人

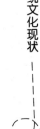

生观、价值观。

（2）热爱国家通用语言文字，感受语言文字及作品的独特价值，认识中华文化的丰厚博大，汲取智慧，弘扬革命文化、中华优秀传统文化，建立文化自信。

（3）关心社会文化生活，积极参与和组织校园、社区等文化活动，发展交流、合作、探究等实践能力，增强社会责任意识。感受多样文化，吸收人类优秀文化的精华。

（4）认识和书写常用汉字，学会汉语拼音，能说普通话。主动积累、梳理基本的语言材料和语言经验，逐步形成良好的语感，初步领悟语言文字运用的规律。学会使用常用的语文工具书，运用多种媒介学习语文，初步掌握基本的语文学习方法，养成良好的学习习惯。

（5）学会运用多种阅读方法，具有独立阅读能力。能阅读日常的书报杂志，初步鉴赏文学作品，能借助工具书阅读浅易文言文。学会倾听与表达，初步学会用口头语言文明地进行人际沟通和社会交往。能根据需要，用书面语言具体明确、文从字顺地表达自己的见闻、体验和想法。

（6）积极观察、感知生活，发展联想和想象，激发创造潜能，丰富语言经验，培养语言直觉，提高语言表现力和创造力，提高形象思维能力。

（7）乐于探索，勤于思考，初步掌握比较、分析、概括、推理等思维方法，辩证地思考问题，有理有据、负责任地表达自己的观点，养成实事求是、崇尚真知的态度。

（8）感受语言文字的美，感悟作品的思想内涵和艺术价值，能结合自己的经验，理解、欣赏和初步评价语言文字作品，丰富自己的情感体验和精神世界。

（9）能借助不同媒介表达自己的见闻和感受，学习发现美、表现美和创造美，形成健康的审美情趣。

2. 小学语文课程教学的学段目标

（1）第一学段（1~2年级）

第一，识字与写字：①喜欢学习汉字，有主动识字、写字的愿望。认识常用汉字1600个左右，其中800个左右会写。②学会汉语拼音。能读准声母、韵母、声调和整体认读音节。能准确地拼读音节，正确书写声母、韵母和音节。认识大写字母，熟记《汉语拼音字母表》。③掌握汉字的基本笔画和常用的偏旁部首，能按基本的笔顺规则用硬笔写字，注意间架结构，初步感受汉字的形体美。努力养成良好的写字习惯，写字姿势正确，书写规范、端正、整洁。④学习独立识字。能借助汉语拼音认读汉字，学会用音序检字法和部首检字法查字典。

第二，阅读与鉴赏：①喜欢阅读，能感受阅读的乐趣。学习用普通话正确、流利、有感情地朗读课文。学习默读。②结合上下文和生活实际了解课文中词句的意思，在阅读中积累词语。认识课文中出现的常用标点符号，在阅读中体会句号、问号、感叹号所表达的不同语气。借助读物中的图画阅读。③阅读浅近的童话、寓言、故事，向往美好的情境，关心自然和生命，对感兴趣的人物和事件有自己的感受和想法，并乐于与他人交流。诵读儿歌、儿童诗和浅近的古诗，展开想象，获得初步的情感体验，感受语言的优美。④尝试阅读整本书，用自己喜欢的方式向他人介绍读过的书。养成爱护图书的习惯。⑤积累自己喜欢的成语和格言警句。背诵优秀诗文50篇（段）。课外阅读总量不少于5万字。

第三，表达与交流：①学说普通话，逐步养成说普通话的习惯，有表达交流的自信心。②能认真听他人讲话，努力了解讲话的主要内容。听故事、看影视作品，能复述大意和自己感兴趣的情节。能较完整地讲述小故事，能简要讲述自己感兴趣的见闻。与他人交谈，态度自然大方，有礼貌。积极参加讨论，敢于发表自己的意见。③对写话有兴趣，留心周围事物，写自己想说的话，写想象中的事物。在写话中乐于运用阅读和生活中学到的词语。④根据表达的需要，学习使用逗号、句号、问号、感叹号。

第四，梳理与探究：①观察字形，体会汉字部件之间的关系。梳理学过的字，感知汉字与生活的联系。②观察大自然，热心参加校园、社区活动，积累活动体验。结合语文学习，用口头或图文等方式整理、表达自己在活动中的见闻和想法。③对周围事物有好奇心，能就感兴趣的内容提出问题，结合其他学科的学习和生活经验交流讨论，尝试提出自己的看法。

总而言之，在落实以上要求的过程中，教师应注重引导学生关注中华优秀传统文化在日常生活中的表现，初步感受中华优秀传统文化的重要价值；初步懂得幸福生活是革命前辈艰苦奋斗换来的，激发学生对英雄人物的崇敬之情。

（2）第二学段（3～4年级）

第一，识字与写字：①对学习汉字有浓厚的兴趣，养成主动识字的习惯。累计认识常用汉字2500个左右，其中1600个左右会写。有初步的独立识字能力。能用音序检字法和部首检字法查字典、词典。②写字姿势正确，养成良好的书写习惯。能用硬笔熟练地书写正楷字，做到规范、端正、整洁。能用毛笔临摹正楷字帖，感受汉字的书写特点和形体美。③能感知常用汉字形、音、义之间的联系，初步建立汉字与生活中事物、行为的联系，初步感受汉字的文化内涵。

第二，阅读与鉴赏：①用普通话正确、流利、有感情地朗读课文。初步学会默读，做到不出声，不指读。学习略读，粗知文章大意。②能联系上下文，理解词句的意思，体会课文中关键词句表达情意的作用。能借助字典、词典和生活积累，理解生词的意义。在理解语句的过程中，体会句号与逗号的不同用法，了解冒号、引号的一般用法。③能初步把握文章的主要内容，体会文章表达的思想感情。学习圈点、批注等阅读方法。能对课文中不理解的地方提出疑问，乐于与他人讨论交流。④能复述叙事性作品的大意，初步感受作品中生动的形象和优美的语言，关心作品中人物的命运和喜怒哀乐，与他人交流自己的阅读感受。诵读优秀诗文，注意在诵读过程中体验情感，展开想象，领悟诗文大意。⑤阅读整本书，初步理解主要内容，主动和同学分享自己的阅读感受。⑥积累课文中的优美词语、精彩句段，以及在课外阅读和生活中获得的语言材料。背诵优秀诗文50篇（段）。养成读书看报的习惯，收藏图书资料，乐于与同学交流。课外阅读总量不少于40万字。

第三，表达与交流：①乐于用口头、书面的方式与人交流沟通，愿意与他人分享，增强表达的自信心。②能用普通话交谈，学会认真倾听，听人说话时能把握主要内容，并能简要转述。能就不理解的地方向人请教，就不同的意见与人商讨。③能清楚明白地讲述见闻，说出自己的感受和想法。讲述故事力求具体生动。能主动参与日常生活中的文化活动，根据不同的场合，尝试运用合适的音量和语气与他人交流，有礼貌地请教、回应。④观察周围世界，能不拘形式地写下自己的见闻、感受和想象，注意把自己觉得新奇有趣或印象最深、最受感动的内容写清楚。能用便条、简短的书信等进行交流。尝试在习作中运用自己平时积累的语言材料，特别是有新鲜感的词句。⑤学习修改习作中有明显错误的词句。根据表达的需要，正确使用冒号、引号等标点符号。课内习作每学年16次左右。

第四，梳理与探究：①尝试分类整理学过的字词。尝试发现所学汉字形、音、义和书写的特点，帮助自己识字、写字。②学习组织有趣味的语文实践活动，在活动中学习语文，学会合作。结合语文学习，观察大自然，观察社会，积极思考，运用书面或口头方式，并可尝试用表格、图像、音频等多种媒介，呈现自己的观察与探究所得。③能提出学习和生活中的问题，有目的地搜集资料，共同讨论，尝试运用语文并结合其他学科知识解决问题。

总而言之，在落实以上要求的过程中，教师应指导学生注重感悟国家通用语言文字的文化内涵，初步认识中华优秀传统文化蕴含的思想和智慧；感悟革命英雄、模范人物的爱国主义情怀和高尚品质，激发向英雄模范学习的意愿和行动，培养对祖国的朴素情感，增强民族自豪感。

（3）第三学段（5~6年级）

第一，识字与写字：①有较强的独立识字能力。累计认识常用汉字3000个左右，其中2500个左右会写。感受汉字的构字组词特点，体会汉字蕴含的智慧。②写字姿势正确，有良好的书写习惯。硬笔书写楷书，行款整齐，力求美观，有一定的速度。能用毛笔书写楷书，在书写中体会汉字的优美。

第二，阅读与鉴赏：①熟练地用普通话正确、流利、有感情地朗读课文。默读有一定的速度，默读一般读物每分钟不少于300字。学习浏览，扩大知识面，根据需要搜集信息。②能联系上下文和自己的积累，推想课文中有关词句的意思，辨别词语的感情色彩，体会其表达效果。在理解课文的过程中体会顿号与逗号、分号与句号的不同用法。③在阅读中了解文章的表达顺序，体会作者的思想感情，初步领悟文章的基本表达方法。在交流和讨论中，敢于提出看法，做出自己的判断。④阅读叙事性作品，了解事件梗概，能简单描述印象最深的场景、人物、细节，说出自己的喜爱、憎恶、崇敬、向往、同情等感受；阅读诗歌，大体把握诗意，想象诗歌描述的情境，体会作品的情感。受到优秀作品的感染和激励，向往和追求美好的理想。⑤阅读说明性文章，能抓住要点，了解文章的基本说明方法。阅读简单的非连续性文本，能从图文等组合材料中找出有价值的信息。尝试使用多种媒介阅读。⑥阅读整本书，把握文本的主要内容，积极向同学推荐并说明理由。⑦背诵优秀诗文60篇（段），注意通过语调、韵律、节奏等体味作品的内容和情感。扩展阅读面，课外阅读总量不少于100万字。

第三，表达与交流：①听人说话认真、耐心，能抓住要点，并能简要转述。乐于表达，与人交流能尊重和理解对方。注意语言美，抵制不文明的语言。②表达有条理，语气、语调适当。参与讨论，敢于发表自己的意见，说清自己的观点。能根据对象和场合，稍作准备，做简单的发言。③懂得写作是为了自我表达和与人交流。养成留心观察周围事物的习惯，有意识地丰富自己的见闻，珍视个人的独特感受，积累习作素材。④能写简单的纪实作文和想象作文，内容具体，感情真实。能根据内容表达的需要，分段表述。学写读书笔记，学写常见应用文。⑤修改自己的习作，并主动与他人交换修改，做到语句通顺，行款正确，书写规范、整洁。根据表达需要，正确使用常用的标点符号。习作要有一定速度，课内习作每学年16次左右。

第四，梳理与探究：①分类整理学过的字词，发现所学汉字形、音、义和书写的特点，发展独立识字能力和写字能力。②感受不同媒介的表达效果，学习跨媒介阅读与运用，初步运用多种方法整理和呈现信息。③初步了解查找资料、运用资料的基本方法。利用图书馆、网络等渠道获取资料，解决与学习和生活相关的问题。尝试写简单的研究报告。④策划简单的校园活动和社会活动，对所策划的主题进行讨论和分析，学写活动计划和活动总结。对自己身边的、大家共同关注的问题，或影视作品中的故事和形象，通过调查访问、讨论演讲等方式，开展专题探究活动，学习辨别是非、善恶、美丑。

总而言之，在落实以上要求的过程中，教师应指导学生注重了解中华优秀传统文化的源远流长、丰富多彩，提升自身中华优秀传统文化修养；感受先贤志士的人格魅力，感悟老一辈无产阶级革命家的英雄气概、优良作风和高尚品质，体会捍卫民族尊严、维护国家利益和世界和平的伟大精神。

二、小学语文课程的性质

理解小学语文课程的性质应把握一些关键词：基础性、综合性、实践性、工具性、人文性、工具性与人文性的统一。

第一，基础性。小学语文学习是学习者学习各科知识的基础，是学习做人的基础，是将来工作的基础，还是人们发展的基础，必须扎扎实实打好这个基础。

第二，综合性。语文课程综合性指语文课程的目标、内容不是单一的、孤立的，而是综合的、丰富的、相互联系的，语文课程的实施也必须体现其综合性。

第三，人文性。人文性指作为文化载体的语言文字蕴含并表现了民族的思想文化与人文精神，语言文字本身就是祖国优秀文化的组成部分；表现为小学语文课程使小学生在语言学习与发展的同时，接受了百科文化知识，接受了中华文化的熏陶，小学生学习与运用汉语言文字，就潜移默化地接受着汉民族独特的心理特征、思维方式和文化精神的影响与制约。

第四，工具性与人文性的统一。工具性是语文学科的"本质属性"，人文性是语文学科的"特有属性"，两者是不可分割的。在小学语文教学中，应把语言文字的工具训练和人文教育结合起来。

第三节　小学语文教学中教师的基本技能

一、小学语文教学中教师的教案编写技能

"教案又称教学计划，是教师为有效进行教学实践活动而事先对教学进行设计，是教师以现代教学理论为基础，依据课标要求、教学对象的特点、不同教学内容的需要和个人的教学理念、经验、风格，在运用系统的观点与方法分析和处理教材内容的基础上，针对所教内容的教学目标、教学重难点、教学流程、教学方法等设计的具体实施方案"[①]。

（一）小学语文教案编写的价值

编写教案有利于教师弄通教材内容，准确把握教材的重点与难点，进而选择科学、恰当的教学方法；有利于教师科学、合理地支配课堂时间，更好地组织教学活动，提高教学质量，收到预期的教学效果。教案是对课堂教学的总的导向、规划和组织，是课堂教学规

---

① 廖娅晖. 小学语文教学设计 [M]. 北京：中国铁道出版社，2018：67.

划的蓝本。此外，教案还有三个附带性作用：一是备忘录作用，用文字载体保存的信息可供随时提取或查阅；二是资料库作用，从长远角度看，教案中保存着教师从各种渠道获得的珍贵资料以及自身的经验与心得，积累多了自然会形成一座资料宝库；三是教改课题源泉作用，教案中的丰富案例、独特的教学设想、别致的教学环节、精心的教学问题、教学后的得失体会等往往会成为教师选择教改研究课题的源泉。

（二）小学语文教案编写的类型

教案依据划分标准、研究角度的不同可划分不同的种类。从课型的角度来划分，还可以简单地将教案分为新授课教案、复习课教案、习题课教案、考查课教案，这也是最为常见的最容易理解的一种划分方式。下面主要阐述依据教学实践进行的分类：

第一，讲义式教案。讲义式教案按照教学时间的规定、教学内容的进度和计划安排的顺序把全部教学活动都编写出来，近似教学用的讲义。

第二，提纲式教案。和上述讲义式教案的不同在于提纲式教案比较简略。一般有经验的教师在备课过程中，只把重点和难点摘要写在教案中，不把更多的内容句句都写上。内容集中、简练，篇幅不多，这就是提纲式教案。选取讲义式详案还是提纲式简案，取决于教师的业务能力和教学经验。一般而言，青年教师刚开始上课，最好编写尽可能详细的教案，只有积累了丰富的教学经验，熟悉了教材内容和提高了教学能力之后，才能编写提纲式教案。

第三，图表式教案。把要讲的课时内容整理出一张图表，这就是图表式教案。图表式教案的优点是简明扼要，内在关系清楚，易看好记，也好运用。但问题在于它容易使学生机械性背诵，不去追求理解，把生动的事物之间的关系看得呆板，在有些问题上也容易简单化。在教师的具体教案中，多把图表作为教案的一个组成部分，或作为问题的小结，而很少把图表作为一个完整的教案去使用。只用一个图表，将讲授内容全部包括进去有困难，而且进度安排和教学环节、教学方法也很难得到体现，会给讲课留下一定困难。

（三）小学语文教案编写的元素

教案编写一般而言没有固定模式，可以根据教学需要进行选择，但一些要素是必要的，具体如下：

第一，课题。课题指授课内容的标题，主要是课文的题目。

第二，教学目标。教学目标是师生通过教学活动预期达到的结果或标准，是对学习者通过教学以后将能做哪些内容的一种明确的、具体的表述，主要描述学习者通过学习后预期产生的行为变化。教学目标要难易适度，课时教学目标应当堂达成，不易定得过高，同时要注意重点教学目标的设计。教学历来提倡一课一得，目标教学也要体现这一精神。教学目标设置的具体要求：①必须明确陈述的主体对象是学生；②必须能体现语文教学的三个维度；③必须处理好知识与技能、过程与方法以及情感、态度与价值观的关系；④必须是明确、集中、恰当、具体的；⑤必须是可观察、可检测的。

第三，教学重难点。教学重点一般指为达到教学目的，在教学中重点教授的关键性内容，侧重于教师的角度。教学难点既包含教师因素，也包含学生因素，一般指教师难以讲授的知识和学生难以达成的行为。需要注意的是，教学重难点的设置要考虑重点如何突出，难点如何突破，深度如何把握。

第四，教学方法。教学方法是教师把自己的学识传授给学生的手段。在教学中，教师不应仅是传授知识和技能，更重要的是教会学生主动学习和掌握知识的能力和方法。具体教学方法的设定要遵循：①优化教法，因材施教，因学而教，顺学而导；②选择学法，提倡自主、合作、探究式的学法，而学法的指导也要体现自主性、针对性、操作性、差异性和巩固性。

第五，教学过程。教学过程也称教学流程、教学步骤，是指为达成教学任务而制定的具体实施步骤和措施，是教案的主体部分。在教案书写过程中，教学过程是关键。

第六，作业布置。作业作为学生预习新知、巩固所学的有效途径，是开展小学语文教学的重要保障，也是提高学生语文素养的必要手段。

第七，板书设计。包括随着教案内容展开的随机板书和每一课时的整体板书。

（四）小学语文教案编写的过程

教案编写是一个复杂的过程，从起始分析教材、分析学生。到设计教法等，是由众多环节组成的一系列细致复杂的工作。

第一，分析教材。了解教材的组成、内部联系、外部联系，形成适宜的教学内容；挖掘教材中可培养学生能力、进行思想品德教育的因素并确定教材的重点与难点，为设计教学方法、编写教案提供依据。分析教材是编写教案的基础工作。

第二，分析学生。分析学生主要是分析学生学习教材的知识准备情况，一般指智力、认知能力水平以及学习掌握各种类型知识的一般心理过程。此外，还应了解特殊学生（平时学习水平很高或学习较为困难的学生）的状况，以便从学生实际出发，研究有效的教学方法，编写教案。分析学生是编写教案的又一项基础工作。

第三，设计教学方法。教师要在分析教材和学生情况的基础上，精心设计教学方法。设计教学方法时，既要考虑全课以哪种教学方法为主，又要考虑各部分教学内容适宜采用的方法。针对一段教材内容，既要考虑师生活动的方式，又要考虑学生的学习方法，同时还要考虑选择怎样的教学手段和教具，以便协调各教学要素之间的关系，顺利而高效地进行课堂教学活动。

第四，编写教案。教师将上述各项工作的成果，按照教案的基本内容和形式，用书面的方式总结概括表述出来，就形成了课堂的教学计划。

二、小学语文教学中教师的课堂提问技能

（一）小学语文课堂提问的类型

小学语文教学中课堂提问从不同角度可将问题分成不同类型，具体如下：

第一，知识水平的提问。知识水平的提问能训练学生的记忆力和表达力，可以确定学生是否记住所学内容。例如，概念、意义、具体事实等，它所涉及的心理过程主要是回忆，提问常用的关键词是：谁、什么、哪里、何时等。这是最低层次、最低水平的提问。

第二，理解水平的提问。理解水平的提问要求学生能用自己的话来叙述所学知识，比较知识和事件的异同，能把知识从一种形式转变为另一种形式。理解水平的提问可帮助学生感知、理解课文内容，整体把握课文大意。提问使用的关键词是：怎样理解、有何根据、为什么、怎样、何以见得等。这是一种中等水平层次的提问。

第三，应用水平的提问。应用水平的提问要求学生对问题进行分类、选择以确定正确答案。应用水平的提问能使学生把所学知识应用于某些问题，其心理过程主要是迁移。提问常用的关键词是：运用、分类、选择、举例等。这是一种较高层次的提问。

第四，分析水平的提问。分析水平的提问要求学生运用批判思维，分析提供的资料，进行推论，确定原因，可用来分析知识的结构、因素，弄清事物的关系和前因后果。提问常用的关键词是：为什么、哪些因素、证明、分析等。这是一种较高层次的提问。

第五，综合水平的提问。综合水平的提问要求学生将所学知识以一种新的或创造性的方式组合起来，形成一种新的关系，能够解决应该解决的问题。提问常用的关键词是：综合、归纳、小结、重新组织等。这是一种高层次的提问。

第六，评价水平的提问。评价水平的提问要求学生对一些观念、解决办法等进行判断选择，提出见解，做出评价等，它能帮助学生依据一定的标准来评判事物和材料的价值。提问常用的关键词是：判断、评价等。这是一种高层次的提问。

以上六种提问的类型，对课文教学以及学生思维各阶段的发展，作用各不相同。因此，应根据教学要求、学生学段、课文内容等因素，对不同类型的提问方式进行合理的设计、灵活的搭配。

（二）小学语文课堂提问的技能

课堂提问是课堂教学中引导学生学习知识，发展思维、技能、情感等的重要手段。每一位教师都应当精心设计每一个提问，做到恰如其分，提高课堂教学的质量。但是，提问

不是课堂教学的唯一手段。现代教育思想强调学生的主动发展，因此，提问的前提应当是学生充满兴趣、信心地自主学习，质疑解疑，只有这样，才能培养高素质的人才。提问最关键的是"问什么"和"怎样问"，讲究提问的艺术，自然就应该在"问点"和"问法"两个方面做努力。

1. 问点的选择

所谓问点，就是问题的切入点。针对任意一篇课文，都可以提出若干问题，但并不是所有问题都有价值，因此，在小学语文教学设计过程中需要精心选择问点。一般而言，可将问点选择经验归纳为"五点十处"。"五点"即重点、难点、疑点、兴趣点、思维点。"十处"即关键处、空白处、疑难处、模糊处、含蓄处、矛盾处、变化处、重复处、对比处、延伸处。下面着重论述以下方面：

（1）关键处。关键处是指对语文学习的重点、难点等极其重要的地方，在关键处设问能揭示重点、突破难点，直抵课文的核心。小学语文教材中的关键处是指不易理解或对理解课文内容、体会思想感情有着重要作用的字、词、句、段，尤指关键词、核心句。

（2）空白处。文本存在的空白可以丰富和拓展读者的想象，也可以作为课堂提问的突破口。现代教学理论也指出，知识的学习是由学习者自我建构的过程。在这里，空白处是指语文教材中对某些内容故意不写，或写得很简略，留给读者无限想象空间和思考余地的地方。空白处巧妙设问，可以适时激发学生的想象力和思考力，通过填补空白让学生建构自己的意义。

（3）矛盾处。矛盾处是指课文中那些看似自相矛盾的地方，这里也恰恰是学生容易产生疑惑的地方。在矛盾处设问，可以帮助学生理解课文，锻炼学生的思维，从而将思维深化，更加深入地理解课文。

（4）反复处。反复处是指课文中反复出现的内容。反复作为一种修辞手法，经常在诗歌和童话中使用，使用反复的手法可以积蓄人物情感、深入刻画形象、点明文章主旨。

总而言之，问点的设计要注意三个方面：①问点要着眼于突出教学重点。在教学重点处设疑能紧扣教学目标，使课堂不至于随意发散。②问点要着眼于突破教学难点。教学难点是学生掌握知识、理解内容的障碍所在，抓住难点设问，能化难为易。③问点要有思维价值，能激发学生的学习兴趣。如果所设问题过于简单，仅停留在简单的是非选择上，学生的思维能力很难提高。此外，课堂常常在工具性和人文性两个端点游走，除了兼顾两者，还需要切切实实考虑学生的兴趣，将学生放在心中。

2. 提问的表述

恰当有效的提问表述是指教师提问的语言准确、清晰、明了，使学生能正确地理解提问的意图。有效的问题具有良好的结构，一般由三个要素构成：①引导性词干，如"……

是什么，为什么……""怎么样……"；②良好的认知操作，如回忆、描述、叙述、概述、比较、对照、分析、综合、总结、评价、推测、想象；③问题提出的内外情境，问题在提出或表述时应从课文的内在情境或外在方法层面给出提示，使学生获得一些解决问题的线索。三个要素放在一起，就可以构建有效的初始问题。

三、小学语文教学中教师的课堂板书技能

（一）小学语文课堂板书的作用

第一，集中学生的注意力。板书能集中、吸引学生的注意，有三个原因：①板书是直观的教学手段，能发挥视觉优势；②板书的内容和形式包含许多美的因素；③板书的过程是引发学生思索的过程，容易集中学生的注意力。借助板书，从单一的听觉刺激转向视觉刺激，视听结合，能控制学生的思路，可避免由于单调的听觉刺激带来的疲倦和分心。

第二，理清课文思路。在阅读教学中，教师分析课文，特别是分析一些篇幅较长、情节比较复杂的课文，仅仅依靠口头讲解是不行的。学生常常因理不清头绪而茫然。而板书正好可以弥补口头语言的这种不足，能把复杂的或者抽象的内容直观地展示在黑板上，寥寥数行，却包容全篇，提纲挈领，以简驭繁。

第三，突破重点、难点。小学生总结重点、难点的能力比较弱。可是，不能总结重点、难点，难以实现高效的课堂教学质量，因此，在小学语文教学过程中，能否让学生抓住重点、难点就成了一个至关重要的问题。如果采用口头强调的办法"这是重点，大家要注意"，往往效果欠佳，因为学生脑海里难以留下痕迹。如果在讲述的同时教师把重点内容中带有关键性的词语简明地写在黑板上，或者对重点段落进行单独分析板书，就会取得事半功倍之效。

第四，增强学生的记忆。板书的一个重要目的是帮助学生理解并记住教学内容。板书本身具有的直观性、概括性、条理性、启发性等特点为学生记忆提供了十分有利的条件。我们常常发现这种情况，一篇并不算短的课文，在教师分析后，学生看看板书，读读课文很快就能背诵下来。

第五，发展学生的思维。好的板书还能体现思维训练的步骤：小学低年级的板书不同于中年级，中年级的板书与高年级也有所区别。粗略地划分，低年级可以用罗列重点词语的内容式板书；中年级可以发展到既有内容又有内涵的板书；到了高年级，可以多用突出文章思路的有一定概括性的板书。由小学低年级到高年级，板书体现了由理解词、句、段到整篇课文，由理解课文内容到抓住中心思想到理清叙述顺序，由着重发展形象思维到着重发展逻辑思维的训练步骤。

第六，启迪学习方法。教是为了不教。对学生而言，让学生掌握一篇文章的阅读方法、分析方法是十分必要的。到哪里去学？从教师的板书中学就是一条途径。因为教师的板书常常是抓住要点、重点和理清思路的范例，是边教边做的记录。如果教师善于诱导，学生从教师板书的形成过程中，就会学到自学方法：读书的时候，放个笔记本，边理解思考，边把想出的重点、要点摘抄下来，像教师板书那样梳理出一条理解文章的思路来。

第七，提高审美能力。板书是一门艺术。精湛的板书，无论是内容，还是形式，都包含着丰富的美的因素。如内容的简洁美、语言的精练美、构图的造型美、字体的端庄美、色彩的和谐美，都能给学生以美的享受。一幅美的板书如同一道美丽的风景，能令学生赏心悦目。

在板书形式的诸多因素中，对学生影响最大的是文字的书写。有书法特长的教师，常常将书法美融入板书中。追求板书的字体风格与文章思想内容的协调、吻合，用不同的字体去表现课文的不同风格和情趣。对课文中构成强烈对比的内容，也常用两种不同的字体和彩色笔板书，扩大反差，加深记忆。学生看看板书，读读课文，就能获得一种艺术享受。

美的板书不仅能给学生以美的感染、美的熏陶，更重要的是能唤起学生对美的追求和美的创造。很多学生跟着教师写好了字，而且养成了严谨认真的学习态度和良好的书写习惯。

（二）小学语文课堂板书的类型

第一，词语锤炼式板书。板书应该着眼于课文的关键字词。例如，人教版一年级课文《荷叶圆圆》。教师从课题《荷叶圆圆》入手，抓住荷叶圆、绿的特点，指导学生读文时，提出中心问题："有谁喜欢圆圆的、绿绿的荷叶？"以问题为主线，引出小水珠把荷叶当摇篮，小蜻蜓把荷叶当停机坪，小青蛙把荷叶当歌台，小鱼儿把荷叶当凉伞。这样的板书线条流畅，字迹美观，利于学生复述课文，进而背诵课文，可以培养学生的想象能力和语言表达能力，也可以让学生参与板书的过程。

第二，画龙点睛式板书。设计板书，不仅可以把文章中的关键词作为板书内容的主体，还可以编拟一些提示语来对文章内容进行概括和点拨。这样的做法很有必要，能起到画龙点睛的作用。

第三，线条连接式板书。线条连接式指在板书设计中借助各种线条的穿梭和连接，直观而确切地表现出文章各部分内容之间的联系。其中，线条可以表示连接、跳跃、总括、强调等多种含义，直观形象，使人一目了然，能为学生理解文章内容搭桥铺路，降低坡度。

第四，课文脉络式板书。板书应该揭示课文的主要内容，突出课文内容的重点和难点，准确地扣住作者的思路。

第五，简笔画图示式。遵循小学生以形象思维为主的客观规律，可以运用简笔画手段来进行板书。

（三）小学语文课堂板书的要求

板书的格式多种多样，不论采取哪一种形式都必须做到以下方面：

第一，内容要确切，外形要规范。板书的内容，要重点突出，详略有别，内容确切，层次分明。板书的外形，要讲究规范，字号大小适当，字体工整醒目，严防字迹模糊潦草、杂乱无章。

第二，要合理布局，新颖别致。板书的布局，要讲究格式，选择位置，合理而清楚地分布在黑板上，使学生易于观察和理解。设计板书，不要总是一个模式，要注意新颖别致，用以集中学生的注意力，激发学生的学习兴趣，调动学生学习的积极性，获得最佳的教学效果。

第三，讲解要与板书、板图相结合。在课堂教学中，教师既要精讲重点，又要展示变化多样的板书与板图，图文并茂。两者有机结合，更能加深学生对所学知识的理解，提高教学效率。

四、小学语文教学中教师的说课技能

"说课"是一种新兴的教研形式，指执教者在特定的场合，在精心备课的基础上，面对同行或教研人员讲述某节课（或某单元的教学设想及其理论依据），然后听者评议、说者答辩、互相切磋，从而使教学设计趋于完善的一种教研活动。

（一）小学语文课堂"说课"的类型

按不同的分类标准，可将说课细分为以下类型：

第一，按教学的先后顺序，可分为课前说课与课后说课。

第二，从改进和优化课堂教学设计角度，可分为预测型说课和反思型说课。

第三，从教学业务评比角度，可分为评比型说课和非评比型说课。

第四，从教学研究角度，可分为专题型说课和示范型说课。

第五，从说课主体角度，可分为纸案辅助说课和PPt[①]辅助说课。

（二）小学语文课堂"说课"的原则

按照现代教学观和方法论，成功的说课必须遵循以下原则：

----

① PPt是微软公司的演示文稿软件。用户可以在投影仪或者计算机上进行演示，也可以将演示文稿打印出来，制作成胶片，以便应用到更广泛的领域中。

第一，说理精辟，突出理论性原则。说课不是宣讲教案，不是浓缩课堂教学过程。说课的核心在于说理，在于说清"为何这样教"。没有理论指导的教学实践，只知道做哪些内容，不了解为何这样做，永远是经验型的教学，只能是高耗低效。因此，执教者必须认真学习教育教学理论，主动接受教育教学改革的新信息、新成果，并将其运用到课堂教学之中。

第二，客观真实，具有可操作性原则。说课的内容必须客观真实、科学合理，要真实地反映自己是怎样做的，为何这样做。哪怕是并非科学、完整的做法和想法，也要如实地说出来，以引起听者的思考，通过相互切磋，形成共识，进而完善说者的教学设计。说课是为课堂教学实践服务的，说课中的一招一式，每一环节都应具有可操作性，如果说课仅仅是为说课而说，不能在实际的教学中落实，那样会流于形式。

第三，不拘形式，具有灵活性原则。说课可以针对某一节课的内容进行，也可围绕某一单元、某一章节展开，可以同时说出目标的确定、教法的选择、学法的指导、教学程序的全部内容，也可以只说其中一项内容，还可以只说某一概念是如何引出的，或某一规律是如何得出的，或某个技能是如何使用的等。要做到说主不说次、说大不说小、说精不说粗，说难不说易，要坚持有话则长、无话则短、不拘形式、自由研讨的原则，防止囿于成规的教条式的倾向。同时，在说课中要体现教学设计的特色，展示自己的教学特长。

（三）小学语文课堂"说课"的内容

备好课是说课的前提，而说课者必须站在理论的高度对课程设计做出科学的分析和解释，从而证明自己的课程设计是有序的，而不是盲目的；是理性的，而不是感性的。

1. "说"教材

"说"教材是分析教材。任何一门课程的教材，从知识内容到编排形式，都会构成一个系统。要说出对教材的整体把握，就需要明确本课题或章节内容在整个学段和年级的教材系统中所处的位置及其作用。只有明确了这一点，才能在教学中重视前后知识的内在联系，准确地认定教材的重点和难点，从而提高课堂教学效率。

此外，要说出本课题或章节内容的教学目标，因为它体现着教学的方向，预示着教学应达到的目的。确定教学目标的依据：一是课程标准的规定；二是单元章节的要求；三是课时教学的任务；四是教学对象的实际。要把这四点结合在一起通盘考虑，再确定教学的起点和重点。

另外，在以上"说教材"的常规内容的基础上，我们可以增添教师个人的思维亮点。如对教材内容的重新组合、调整以及对教材另类处理的设计思路。

2. "说"教学目标和重点、难点

（1）"说"教学目标。"说"教学目标要注重从三个维度说清课题或课时教学目标，

如果有 PPt 辅助，便不必逐条读出，可用自己的话对教学目标进行概述、强化，对主要教学目标确定的缘由也可简单说明。

（2）"说"教学重点、难点。教学重难点是说者与听者要交流的主要问题，这一环节要注意将重难点确立的缘由和将要采取的解决措施进行大致说明。

3."说"教法

教学方法的选择、教学手段的运用，直接关系到教学质量的提高，教师对此必须能够做出明确、肯定的回答。说教法可以理解为说教学方法，或者教学方法中某个具体的教学方式和手段的选择及应用。

例如，为完成教学任务所采用的课堂教学模式及其理论依据；为突出重点和突破难点采用的手段和理由，为处理某个习题所采用的策略和措施等。选择何种教学方法，关键在于教师对教材特点和学生认知规律的把握，但无论采用什么方法，都要始终贯彻"具有启发性""突出主体性""注重思维品质"的原则。

有些教师为上课制作了教具、多媒体课件等辅助手段，在说课过程中，可以向听者简明扼要地说清它们使用的目的和作用。

4."说"学法

说学法不能停留在介绍学习方法这一层面上，要把主要精力放在解说如何实施学法指导上。特别在当今的新课程改革中，转变小学生的学习方式，倡导以"主动参与，乐于研究、交流与合作"为主要特征的学习方式，是重中之重，这也将成为所有教师教学中的"指挥棒"。

要说好学法，首先，要深入研究学生，处理好课堂教学中的师生关系，重新摆好师生的位置；其次，要注重对某方法指导过程的阐述，如说明教师是通过怎样的情景设计，学生在怎样的活动中，养成哪些良好的学习习惯，领悟何种科学的学习方法，等等。

5."说"教学程序

教学程序的基本内涵是课堂结构，从教师的整个说课过程而言，应该是精华、高潮所在。课堂结构要有过渡自然的教学环节，有清晰的教学思路，有一脉相承的线索，有逐步推进的层次，要说清楚教师突破难点教学的主要环节设计，化解教学难点的具体步骤，说清楚师生双边活动的具体安排及学习依据，说清楚课题的板书设计和设计意图，说清楚课后作业的布置和训练意图。

6."说"板书设计

板书是听者了解说课者的教学思路、理解教材深浅程度和估计教学效果的可视语言。板书呈现可采用以下方式：

（1）先说课后板书。先将课说完，再一次性地展示板书。优点在于节约时间，在时间有限的情况可采取这种方式。

（2）边说课边板书。说课过程与板书过程同步，能最大限度地呈现课堂教学的实施情况，让听者深入理解设计意图。

（3）先板书后说课。在说课前，先把板书完整地呈现出来，在说课过程中相机说明和利用。优点是能对说者起提示作用，缺点是会令听者感到有些突兀。

（4）先板书部分，再边说边完善板书。可用在板书内容多，或有图、箭头、线条的板书设计中。

第四节　小学语文教学与传统文化融合的现状

一、小学语文教学与传统文化融合现状的不足

第一，忽视中华优秀传统文化的育人价值，忽视中华优秀传统文化滋养人、感染人、激励人的作用。受传统教育的影响，一些教师在教学中往往以学科知识传递和能力训练为主，将引导学生认识中华优秀传统文化的历史使命弃之不顾，使学生失去了体认中华优秀传统文化的主要路径，培养学生的民族文化认同感也就无从谈起。

第二，缺乏具体的方式方法引领，一些教师将教学中彰显中华优秀传统文化的育人价值异化为政治思想品德教育。一些教师的教学方式以简单灌输和说教为主，不仅偏离了语文课的特点，在很大程度上也削弱了学生对学习中华优秀传统文化的兴趣，甚至失去了对学习语文的兴趣。

第三，教师缺乏对课文中中华优秀传统文化教育资源的深入挖掘能力和恰当选择能力。一些教师在教学中为了彰显民族文化，体现育人价值，常常忽视了学生的实际，超越学生的认知水平，将自己的所思所想统统搬到了课堂上，进行所谓的联系、迁移、拓展，不仅浪费了学生宝贵的学习时间，也影响了传承中华优秀传统文化的实效性。

综上所述，可见一些教师对小学语文课程性质的认识还有偏颇，对语文学科传承中华优秀传统文化的理论认同还不够深入，对中华优秀传统文化相关知识的掌握和理解还浮于表层，将中华优秀传统文化与教学融为一体的能力还有待加强等，这一系列深层的原因使我们深刻地认识到要想把中华优秀传统文化的传承落到实处，教师的相关能力面临着新的严峻的挑战。

二、小学语文教学与传统文化融合现状的思考

第一，夯实文化根基，发挥示范作用。教师职业的特殊性质，决定了教师的"身教"在整个教育过程中具有不可忽视的重要作用。如果教师没有意识到文化的巨大价值，缺乏文化自觉，缺乏优秀文化薪火相传的担当，再好的文化内容也会被视而不见。作为一名合格的小学语文教师，自己先要热爱中华优秀传统文化，使之成为自己的爱好和追求，努力让自己成长为具有文化气质的教师、具有深厚文化积淀的教师、在教学中能够引经据典和谈古论今的教师，这样才能让学生在耳濡目染中，吸吮精神养料，领略中华优秀传统文化的魅力。

第二，梳理教材资源，寻找落地载体。教师越是能运用自如地掌握教材，其讲述就越能情感鲜明，学生听课需要花在教科书上的时间就越少。语文教师想让自己的语文课堂绽放传统文化的光彩，自己先要沉浸其中，刻苦钻研教材，充分挖掘教材中蕴含的传统文化资源。因为没有教育资源的支撑，小学语文教学彰显中华优秀传统文化就失去了落地的载体。在小学语文教科书中，有很多关于民族文化、传统礼仪、中华美德等方面的资源。有些文本蕴含的传统文化因素是隐性的，教师要引领学生深入领会。教师不能囿于现有的一些解读，而是要沉浸到教学文本中，深入挖掘教材中的优秀传统文化资源。

第三，立足常态教学，自然渗透融合。在语文教学中实现中华优秀传统文化的育人价值，不是通过外部的强行输入，而是通过语文常态教学，自然渗透融合的方式来实现的。中华优秀传统文化教育以教材为依托，通过听、说、读、写、思等多种教学活动来滋养学生的生命。因此，教师应当遵循语文学习的基本规律，根据语文学科的特点，注重熏陶感染，把培养学生对中华优秀传统文化的亲切感、感受力、认同感的教育融入日常的语文教学活动中。在保持语文学科属性的前提下，让学生在丰富多彩的语言实践活动中逐步加深对民族文化的亲近感和认同感，让学生在丰富多彩的语言实践活动中把民族文化的根深深地植入心中，从而将育人价值的实现与掌握语文学习方法、提高语文能力的过程融为一体。例如，可以在字词教学中渗透文化元素、在语言品读中增进文化认同、在语言实践活动中强化文化教育。

第二章 小学语文教学资源与传统文化的融合

第一节 中华优秀传统文化课程资源与设计

一、中华优秀传统文化的课程资源

中华优秀传统文化既包括广大劳动人民的创造与历代圣哲贤人研究和探索的成果，也吸收了其他民族文化的精华，涵盖了人类生活的方方面面，深刻地影响着中国的经济、文化等社会生活的各个层面。而数千年积淀下来的优秀传统文化更是包含着丰富的课程资源，它浓缩了"人文科学"和"自然科学"等多方面知识，是中华文化的瑰宝。其内涵极其丰富，包罗了思想观念、思维方式、价值取向、道德情操、生活方式、礼仪制度、风俗习惯、文学艺术、教育科学等诸多层面的内容，是我们取之不尽、用之不竭的宝贵资源。下面以古典文学为例进行阐述。

中国古典文学是中国传统文化的重要组成部分，是中华民族社会文化意识的载体之一，也是最高精神成就之一。

（一）古代神话

在中国古代的原始时期，生产力和认识能力都极为不足，人们对于变化无常的自然现象、神秘的人类起源等问题感到神秘莫测，只能结合自己有限的生活体验通过丰富的想象创造众神话人物，用神化了的故事来解释未知。神话看似荒诞不经，但因其展现了远古人民的心灵世界，反映了远古时代的人类生活及历史发展进程而成为文化史上的瑰宝。又因其包含着历史、哲学、科学与文学艺术的发生、发展，古代神话被称为人类童年的第一部精神著作，为了解远古人民的思想意识提供了珍贵的资料，具有不朽的认识价值。

（二）《诗经》和《楚辞》

朝吟"风雅颂"，暮唱"赋比兴"，回溯华夏文明的源头，要从《诗经》开始。《诗经》是我国最早的一部诗歌总集，作者佚名，绝大部分已经无法考证，传为尹吉甫采集，孔子编订。《诗经》收集了西周初年至春秋中叶的诗歌，共311篇，其中6篇为笙诗。《诗经》在内容上分为风、雅、颂三个部分，以赋、比、兴为主要表现手法。《诗经》在先秦时期被称为《诗》，或取其整数称《诗三百》；西汉时被尊为儒家经典，始称《诗经》，并沿用至今。

《楚辞》是屈原作品的合集，关于篇名，司马迁在《史记·屈原列传》中解释为"离忧"；王逸在《楚辞章句》中解释为"别愁"，被称为"楚辞"，是因为它"书楚语，作楚声，纪楚物"。《楚辞》中的代表作是《离骚》，《离骚》是中国古代诗歌史上最长的一首浪漫主义的政治抒情诗。

"风"是《诗经》的精华所在，"骚"是《楚辞》最高成就的体现。"风骚"既概括了我国先秦文学在思想精神、艺术表现上的最高成就，又标志着一种不同凡响的情韵与才华。读《诗经》《楚辞》，我们不仅要看到它们的文学价值，也要看到它们的历史价值和社会价值。

（三）先秦诸子散文

春秋战国时期，思想的百家争鸣给散文的发展提供了沃土，先秦诸子散文应运而生。先秦诸子散文的发展大致经历了三个阶段：第一个阶段为春秋末期，以语录体为主，主要作品有《论语》《墨子》。这一时期的作品语言本着真实记录的原则，没有进行过多修饰。第二阶段为战国中期，作品从语录体转向专题论文，主要代表作品有《孟子》《庄子》。《孟子》虽然仍是语录体，采用对话的方式进行记录，但对话中的论辩意味浓郁，促进了散文由语录向论文体的发展。第三个阶段是战国末期的专题论文，代表作品为《荀子》《韩非子》《吕氏春秋》等。《荀子》中的文章大多为长篇大论，论点明确，句法整齐。《韩非子》中收录的散文观点锋芒毕露，议论精辟透彻，无论推理还是论证都能够切中要害。语言上或如《论语》简括平易，或如《孟子》辞风雄辩，或如《荀子》浑厚缜密，或如《庄子》恣肆汪洋等，无不文情并茂，极具文采，彰显了我国论说文发展的大致风貌，其思想成就和语言风采对我国数千年来的政治制度和后世文学都产生了深远影响。

（四）两汉的文学

两汉时期许多重要的文学样式孕育产生，形成了丰富多彩的文学现象。西汉时期成就最高的当属散文，贾谊的《过秦论》豪健奔放、激切犀利，晁错的《论贵粟疏》是政论散文的代表作。赋是介于诗和散文之间的特殊文体，《文心雕龙·诠赋》中提到："赋也者，受命于诗人，拓宇于楚辞也。"赋是由《诗经》和《楚辞》发展而来的。《诗经》中铺陈的手法加之《楚辞》的华美辞藻共同构成了赋韵散兼行、辞采华丽的特点，它以"铺采摛文，体物写志"为主要手法，以"颂美""讽喻"为目标，长于铺陈叙事，重于押韵，是汉代的一种新兴文体。代表作家有司马相如、枚乘、东方朔、王褒、杨雄、班固、张衡等，枚乘的《七发》标志着新体大赋的形成，司马相如的《子虚赋》《上林赋》代表了赋的最高成就。西汉后期班固的《两都赋》、张衡的《二京赋》是东汉新体大赋的两篇力作。此后到汉末，大赋逐渐衰落，张衡开创了抒情小赋，他的《归田赋》就是最具代表性的作品。

《史记》作为我国的第一部纪传体通史被誉为"史家之绝唱，无韵之《离骚》"，作者司马迁是两汉时期最著名的文学家、史学家。《史记》既开创了中国纪传体史学，也开创了中国的传记文学。全书130篇，52万余字，记载了从传说中的黄帝到汉武帝太初四年3000多年的历史，是二十四史的第一部。

汉代在"楚辞"的影响下产生了新的诗歌样式——汉乐府和五言诗，作品来源既有文人创作也有民间创作的歌谣，成就最高的是两汉乐府和东汉末年的文人五言诗。汉代诗歌的起源也离不开《诗经》和《楚辞》的影响，形式上从四言发展到五言、七言，内容上从叙事诗发展到抒情诗，题材之广泛，内容之丰富，不仅开创了五言诗的形式，更为建安诗歌的繁荣发展奠定了基础。继第一首文人五言诗班固的《咏史》之后，张衡的《同声歌》、秦嘉的《赠妇诗》等对五言诗的发展也起到了推进作用。汉代文人五言诗成就最高的当推无名氏的《古诗十九首》。《古诗十九首》的作者多是失意文人，多借诗歌抒发他们怀才不遇、壮志难酬的忧愤情绪。《古诗十九首》在民间广为流传，被刘勰的《文心雕龙》誉为"五言之冠冕"。其中还出现了《孔雀东南飞》这样的鸿篇巨制，它是中国文学史上第一部长篇叙事诗，也是乐府诗的巅峰之作。

（五）唐诗宋词

唐诗宋词在小学阶段接触比较多。

1. 唐诗

唐诗是中国诗歌的标志，是中国古典诗歌的巅峰，是诗歌史上的"黄金时代"。从发展历程上分为初唐、盛唐、中唐、晚唐等阶段。初唐诗歌的代表人物的"初唐四杰"有王勃、杨炯、卢照邻、骆宾王，还有陈子昂、张若虚、宋之问等。初唐四杰以他们恣肆的才华一改初唐文风纤弱的现象，转变了南北朝诗歌柔靡而了无生气的文风，拓宽了诗歌的题材。王勃的"海内存知己，天涯若比邻"脍炙人口，陈子昂的《登幽州台歌》和张若虚的《春江花月夜》都是这一时期的代表作品。

盛唐时期经济繁荣、国力强盛，万邦来朝，也是唐诗的品盛时期。这一时期的唐诗题材广泛，流派众多，出现了"山水田园诗派"和"边塞诗派"等诗歌流派，诗坛也是群星璀璨，出现了我国诗歌史上的"双子星座"——浪漫主义诗人李白和现实主义诗人杜甫，他们的诗歌无论是绝句还是律诗都能睥睨千古。下面主要阐述在小学语文教材中出现得比较多的诗人。

伟大的浪漫主义诗人李白，被杜甫赞为"笔落惊风雨，诗成泣鬼神"。李白一生诗作900多首，作为伟大的浪漫主义诗人，他展开丰富的想象，调动一切浪漫主义手法，达到"笔落惊风雨，诗成泣鬼神"的高度。《侠客行》《蜀道难》《行路难》《将进酒》等诗篇中运用夸张的手法、极度的想象、贴切的譬喻，气势恢宏而极富感染力，《梦游天姥吟留别》更是众多佳作中的极品。

杜甫虽然与李白齐名，但他的诗风却与李白迥然不同。沉郁顿挫的风格就如杜甫老成稳重的性格，他的诗作真实地记录了当时国力盛极而衰的历史，因此，被后人称为"诗史"。杜甫一生有1500首左右的诗歌流传于世，精湛的诗艺对中国古典诗歌的影响非常深远。

山水田园诗派成就最高的首推王维。王维曾官至尚书右丞，后长期隐居，纵情山水，歌咏村居生活，诗作恬静闲适，禅意幽深。"明月松间照，清泉石上流"（《山居秋暝》）；"开畦分白水，间柳发红桃"（《春园即事》）；"斜光照墟落，穷巷牛羊归"（《渭川田家》）等诗句可以说就是一幅田园山水画。

与王维齐名的诗人当属孟浩然，因祖籍襄阳被后世称为"孟襄阳"，一生没有正式做官，漫游与隐居构成他生活的全部内容，因山水诗闻名于世，被李白引为知己，他的《过故人庄》流传最为广泛。

唐朝以描绘边塞风光、反映戍边将士生活为主的边塞诗应运而生。代表诗人有高适、王昌龄、岑参等，杰出作品如王昌龄的《出塞》《塞下曲》、高适的《燕歌行》、岑参的《走马川行奉送出师西征》《白雪歌送武判官归京》等。中唐时期，王朝鼎盛时期已过，但唐诗的盛世并没有终止。不但有元稹、白居易的奇崛诗风，韩愈、孟郊、李贺、李商隐等也均成后世典范，更有白居易的《长恨歌》《琵琶行》伤感苍凉，韩愈的《石鼓歌》《陆浑山火》粗犷豪放。到了晚唐，由于世风日下，诗风也随之转变，杜牧的咏史诗注入了深沉的借古讽今的意味，李商隐的《锦瑟》《无题》等深入心灵世界，形成了凄艳浑融的风格。

2. 宋词

宋词是中国古代文学皇冠上一颗光辉夺目的明珠，它标志着宋代文学的最高成就，它始于梁代，形成于唐代，而极盛于宋代。宋词与唐诗争奇，与元曲斗艳，与唐诗并称双绝，这些文学体裁都代表了一代文学之盛。北宋前期词坛的文人，以柳永、晏殊、张先、范仲淹、欧阳修、苏轼为代表。他们的社会地位都比较高，除柳永、张先以外，其他人差不多都是台阁重臣，人生命运相对而言比较顺利适意。北宋后期词坛，在意境、声律方面有所开拓，具有代表性的有婉约派词人秦观、格律词派的始创者周邦彦。

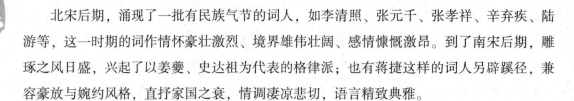

北宋后期，涌现了一批有民族气节的词人，如李清照、张元千、张孝祥、辛弃疾、陆游等，这一时期的词作情怀豪壮激烈、境界雄伟壮阔、感情慷慨激昂。到了南宋后期，雕琢之风日盛，兴起了以姜夔、史达祖为代表的格律派；也有蒋捷这样的词人另辟蹊径，兼容豪放与婉约风格，直抒家国之衰，情调凄凉悲切，语言精致典雅。

（六）元曲和明清小说

第一，元曲。元杂剧和散曲合称为元曲，是元代的主要文学形式。关汉卿与白朴、郑光祖、马致远并称为"元曲四大家"，关汉卿位于"元曲四大家"之首，代表作是《窦娥冤》。马致远的代表作是《汉宫秋》。郑光祖的杂剧在当时"名闻天下，声振闺阁"，其中《倩女离魂》最著名。白朴的代表作是《墙头马上》。

第二，明清小说。明清是中国小说史上的繁荣时期。除了我们熟知的罗贯中的《三国演义》、施耐庵的《水浒传》、吴承恩的《西游记》、曹雪芹的《红楼梦》等四大名著外，还有"三言二拍"这样脍炙人口的小说出现，即冯梦龙的《喻世明言》《警世通言》《醒世恒言》，并称"三言"；凌濛初的《初刻拍案惊奇》《二刻拍案惊奇》，即为"二拍"。蒲松龄的《聊斋志异》更是代表了文言小说的最高成就。

（七）寓言和民间故事

1. 寓言

在我国古代浩如烟海的典籍中，寓言故事像一颗颗璀璨的明珠散落于历代文学著作和笔记中，经久不衰地闪耀着文学和智慧的光芒。早在先秦时代，我国就涌现出诸如掩耳盗铃、狐假虎威、滥竽充数等寓言故事，它们短小精练，却蕴藏着深隽的哲理和丰富的生活经验，随着时代的发展不断给予人们智慧的启迪，也给予文学发展以积极、深远的影响。

"寓言"一词最早见于《庄子》，"寓"寄也，"寓言"就是寄意于言，即把要讲的道理蕴含在生动有趣的小故事里。寓言故事题材广泛、内容丰富，有的反映社会面貌和政治现实，有的记录百姓的智慧和经验，有的浓缩立身处事的要义，还有些寓言本身就是一篇精彩的文章，文辞俱佳，引人入胜。寓言早在我国春秋战国时代就已经盛行。在先秦诸子百家的著作中，经常采用寓言阐明道理，保存了许多当时流行的寓言，如《揠苗助长》《自相矛盾》《郑人买履》《守株待兔》《刻舟求剑》《画蛇添足》等，其中《庄子》与《韩非子》中收录最多。

2. 民间故事

民间故事是古代人民口头创作并传播的一种文学形式，内容大多为虚构，从生活本身出发，但又加入了大量想象的成分，也被叫作"古经""瞎话"等。民间故事具有年代久远、情节夸张、题材广泛、充满幻想的特点，内容既有对自由美好的爱情的向往与憧憬，如《牛郎织女》《白蛇传》《梁山伯与祝英台》等，也包括对当时社会的痛恨和反抗，如《鱼盆》《阿凡提的故事》等。民间故事的主人公既有历史人物，也有清官名将、民间英雄，它们流传广，影响大，是我国非物质文化遗产的重要组成之一。

二、中华优秀传统文化的课程设计

下面以古诗词《渔歌子》的教学为例进行分析。

（一）课程设计理念

《渔歌子》是唐代词人张志和的代表作。整首词描绘了初春时节西塞山的美丽景色。全词动静结合，意境优美，用词活泼，情趣盎然，生动地表现了渔夫悠闲自在的生活情趣。在教学时，以本首词作为原点，以感悟"渔夫"形象为线索，先拓展张志和与哥哥的故事，引出《和答弟志和渔父歌》。再延伸学习，补充另外三首和渔夫意向有关的古诗，引导学生初步感受"渔夫"已经成为中国传统诗词中的一个经典的文化意象。在诗歌的比较阅读中，使学生感受到渔父意象寄托着中国文人对这种与世无争的超然生活的向往。

（二）课程设计目标

第一，能认识"塞、鳜、箬、笠、蓑"等字。能正确、有节奏、有感情地朗读全词，并背诵积累。

第二，通过有感情朗读、展开想象，理解《渔歌子》所表现的意境，感受此人享受自然闲适的心境。

第三，拓展相关诗词，在联系与比较中丰富"渔夫"的形象。

（三）课程设计流程

1. 谈话导入读懂题目

教师进行以下话术导入：

（1）古诗是中国传统文化中耀眼的明珠。我们已经积累了很多古诗，同学们能背诵几首吗？

（2）今天，我们再来学习一首词——《渔歌子》。指名读课题，强调"子"的读音。

（3）读古诗词先要读懂题目，三个字中哪个字很关键，由此你又想到了什么？（这首词和渔夫打鱼有关。）

（4）"渔歌子"是词牌名。这首词和刚才我们背诵的古诗，在句式方面有什么不同呢？

（5）词的特点是句子长短不一，谱上曲就能吟唱出优美的歌曲。像我们曾经背诵过的

《满江红》《忆江南》都是词。

2. 初读诗词，读准读通

（1）自由朗读，注意读准字音和读出词的节奏。

（2）发现哪些字音不好读，要提醒学生注意。

（3）指名朗读。

3. 运用方法，读出意境

教师可以进行以下提问：

（1）通过以前的学习，你们有哪些读懂诗意的好方法呢？（借助图画、参考注释、了解诗人、诵读想象等。）

（2）运用这些方法，再到这首词中看一看，你看到了一位怎样的渔夫？把你的想法在小组内交流一下，请各组的组长进行记录。

（3）小组汇报，全班交流

第一，渔夫的外貌：青箬笠绿蓑衣。（借助插图和字的偏旁理解"箬笠""蓑衣"）

第二，陶醉在山水美景中的渔夫。师：张志和的词就像他的好友书法家颜真卿说的那样："词中有画，画中有词。"你们看，就描写渔夫的六个字当中，我们就看到了颜色。在前两句描写景色的诗句中，你都看到了哪些颜色呢？

4. 拓展延伸丰富"渔夫"意象

（1）介绍词人，拓展词人哥哥的词

第一，读出词的意境，品出词的情韵。另外，读古诗词，还要去了解诗词背后的那个人（张志和图片），是怎样的词人刻画出这样一位悠闲自得的渔夫形象？（教师进行课件出示：他年少得志，曾经是朝廷命官，后来因得罪权贵被贬官，他干脆辞官不做，隐居于大自然，寄情于山水，以游赏为乐，以钓鱼为趣，过起了游历生活。）

第二，教师介绍：张志和自封烟波钓徒，他喜欢这样垂钓的生活，于是非常有感情地写下了《渔歌子》。可是他的哥哥张松龄，很担心他在外流连忘返，于是写了一首《和答弟志和渔父歌》（课件出示）。

第三，指导读题目，注意停顿。师：知道题目是什么意思吗？

第四，自由读词，借助注释读懂词意，说一说哥哥借这首词要告诉弟弟哪些意思。（哥哥很担心弟弟，想让弟弟早点回家。）

第五，理解了词意，和学生互动，看看学生能否用《渔歌子》中的语句回答教师的有关问题，例如：

师：乐是风波钓是闲，草堂松径已胜攀。太湖水，洞庭山，狂风浪起且须还。

生：西塞山前白鹭飞，桃花流水鳜鱼肥。青箬笠，绿蓑衣，斜风细雨不须归。

师：太湖水，洞庭山，狂风浪起且须还。

师：狂风浪起且须还。

师：且须还（呀）。

（2）合作学习，丰富"渔夫"形象。教师可以提问：一提到渔夫，像这样"青箬笠，绿蓑衣"的形象已经深入人心，其实在中国古代，"渔夫"是一种经典的文化现象。从古至今，有数不胜数的诗人、词人塑造了各式各样的"渔夫"。下面请你们读拓展诗篇中的诗，还是先借助注释了解诗意，不明白的地方可以和同学在小组内交流，然后和小伙伴们讨论：在每一首诗中，你看到了一位怎样的渔夫？

综上所述，通过多首古诗词的拓展、积累，引导学生通过小组合作探究的方式，感受古诗词中的"渔夫"形象。"渔夫"已经成为中国传统诗词中的一个经典文化意象，在诗歌的比较阅读中，教师要带领学生感受"渔夫"意象寄托的中国文人对这种与世无争的超然生活的向往。

第二节　小学语文教材中传统文化的渗透

第一，传统语言文字。传统语言文字包含汉字、成语、谚语等，是我国优秀传统文化的根基，是传承中华优秀传统文化的基础。

第二，传统文学文化。古诗词和文言文是小学语文六年级教材中最主要的传统文学，古诗词有数十首，形式多样，题材丰富；文言文选择的篇章都是短小有趣且内容易于接受的。这些古诗词和文言文按照年代顺序编排，学生在诵读中可以进一步感受到中华优秀传统文化的源远流长。

第三，传统民俗文化。传统民俗文化是中华民族悠久历史与文化的重要组成部分，也是我们与脚下土地建立情感的基础。例如，小学语文编排的课文中包含了春节、寒食、七夕节、中秋节和腊八节等传统节日以及与藏文化有关的藏戏。这些课文除了能加深学生对这些民俗文化的理解外，还能让学生体会到民俗文化背后的人文，感知民俗文化背后的温暖，从而发自内心地热爱传统民俗文化。

第四，传统文化精神。中华优秀传统文化中不乏美好的精神品质，学习历史人物的精神品质，有利于学生树立正确的世界观、人生观和价值观。例如，小学语文教材中包含革命题材的作品，通过走近英烈，了解历史，学习革命先烈的事迹，学生可以感受到革命先烈热爱祖国、迎难而上、勇敢乐观等美好品质。

第三节　小学语文教学中传统文化资源的开发

中华优秀传统文化是中华民族历史上各种文化、思想、观念、劳动经验的总和，是我国劳动人民在长期的劳动过程中不断提升、不断总结的一种精神文明，是具有鲜明的民族特色、内涵丰富、博大精深、历史悠久的文化，作为炎黄子孙，我们有责任和义务将优秀的传统文化发扬光大。"在基础教育中，我们要善于借助小学语文阵地积极开发和利用中华优秀传统文化，帮助学生树立正确的世界观、人生观和价值观，激发学生的民族自豪感和文化自信，培养学生热爱祖国、热爱人民的家国情怀，加强学生建设祖国的时代使命感，让学生汲取中华优秀传统文化的精髓和营养，培养其核心素养。"①

语文是工具性与人文性的有机统一，通过语文，我们可以接受审美、伦理、文化等方面的熏陶和教育，同时，优秀的传统文化也是依靠汉语语言得以不断开发和传承的。但是，随着科学和网络的不断发展，各种文化思潮在社会上此起彼伏，对传统文化产生了较大的影响。因此，我们需要认清的是，优秀的传统文化是我们祖先在不断的生产和劳动中积累的优秀经验和文化精髓，不管科学如何发展，不管"地球村"的文化交流如何便利，这些优秀的传统文化对我们的思想、价值、性格、处世、观念等方面都有着一定的引导和教育作用。因此，在小学语文教学中，教师应该挖掘教材中的优秀传统文化因素，结合前人的优秀生活经验和思想，对学生进行渗透教育，让学生从小就接受中华优秀传统文化的熏陶，了解中华民族优秀传统文化的价值和意义，从而将自身塑造成带有民族精髓、具备民族气质、热爱祖国、热爱人民、热爱中华民族灿烂文化的优秀中华儿女。这才是语文教学的成功之处。

加强中华优秀传统文化教育，是深化国家教育和中国梦宣传教育的重要组成部分，是构建中华优秀传统文化传承体系、推动文化传承的重要途径。在新课程理念的指导下，小学语文教师要及时转变教育观念，丰富自身的优秀传统文化素养，创新教学方法，积极挖掘教材中的优秀传统文化因素，激发学生学习中华优秀传统文化的兴趣，使学生了解并积累优秀的传统文化知识，感受优秀传统文化中的民族精神，进而树立正确的世界观、人生观和价值观，健康成长为国家的建设者和接班人。总而言之，小学语文教学中传统文化资源的开发需要注意以下方面。

一、提高教师优秀传统文化的素养

教师的责任不仅仅是传授学生文化知识，更重要的是教会学生做人。在学生和教师的

相处过程中，教师的言谈举止通常是学生的榜样，教师的兴趣爱好、个人修养、文化内涵都会对学生产生潜移默化的影响。一个热爱优秀传统文化、具有丰富专业知识和文化素养的教师在教学和与学生交往的过程中才能灵活地运用优秀传统文化。例如，当学生犯错的时候，教师引用一些优美的古诗词、有趣的名人故事等来教育他们，不仅能令学生心悦诚服，还能改善语言教育的苍白和空洞。当然，教师的文化素养也会让自身展现出独特的人格魅力，令学生心生敬佩，增加学生对优秀传统文化的热爱程度。教师要不断丰富自己的专业知识，提高自身的优秀传统文化素养，这样才能更好地将优秀传统文化渗透到教学中，促进教学质量和教学效率的提高。

二、开发优秀传统文化知识，对学生进行渗透

语文教材是对学生进行教育的重要依托，也是根据学生的成长需要精心编写的、有利于学生学习知识和接受思想教育的重要蓝本。在语文教材中关于优秀传统文化的内容还是比较多的，如汉字、书法、古诗词、文言文、衣着礼俗、饮食礼俗、居所礼俗等，教师在进行教学的时候要善于挖掘教材中的优秀传统文化，渗透中华优秀传统文化思想，让学生在潜移默化中接受教育，让优秀传统文化如一股清泉轻轻地流到学生心间，促进学生养成良好的个人行为和道德情操。

第一，开发汉字中的优秀传统文化。汉字是世界上最古老的文字之一，至少有四千多年的历史，从早期的"结绳记事"到后来的陶文、刻符、甲骨文，再到大篆、小篆、隶书、楷书等，历经一步步发展和完善，汉字的发展蕴藏着中华民族从起源到发展的历程。汉字，不仅是一种文字、一种语言，更代表着中华民族的独特文化与智慧，是中华文化的活化石，也是教育的基石。学习汉字，了解汉字的起源、形态和结构本身就是了解中华优秀传统文化，对提高学生的文化自信和增强学生的民族自豪感有着很好的促进作用。挖掘汉字文化，诠释汉字形态、结构中的民族文化，让学生了解我们祖先的智慧和求索精神，了解我们祖先直观性的思维特点，激发学生热爱中华优秀传统文化和学习传统文化的兴趣是小学语文教学的重点。

第二，开发成语中的优秀传统文化。成语是汉语语言中最典型、最有特色、最具魅力、独一无二的汉语语言文化，它聚集着大量的民族文化，映射着人文精神和文化传承。例如，尽忠报国、胸有成竹、玉洁冰清、囊萤夜读等，开发这些成语中的优秀传统文化对学生进行渗透教育，对培养学生的爱国情怀和修身养德等都有着很好的促进作用。

第三，开发书法中的优秀传统文化。汉字作为一种方块字，其书写笔体有着独特的艺术美感，这种艺术美感对培养学生的审美能力，帮助学生了解我国的优秀传统文化有着正确的引导作用。例如，在小学五、六年级的语文教材中就有对我国楷书四大家以及他们书

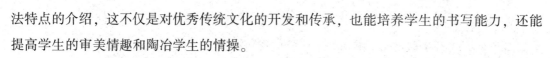

法特点的介绍，这不仅是对优秀传统文化的开发和传承，也能培养学生的书写能力，还能提高学生的审美情趣和陶冶学生的情操。

第四，开发古诗词中的优秀传统文化。我国的古诗词中包含着数千年来文人墨客、圣人先贤的智慧结晶，具有无与伦比的教育价值，是优秀传统文化的经典代表。古诗词不但语言精练、极富说服力，还拥有各种不同的文学美感，易于被学生接受。开发古诗词中的优秀传统文化对学生进行渗透教育，对学生的成长有着启智求真、价值导向的作用。例如，小学语文课本中的《示儿》，诗人的爱国情怀对学生有着感染和熏陶的作用；《秋夜将晓出篱门迎凉有感》，能培养学生热爱和平的情感等。

第五，开发课文中的优秀传统文化。小学语文课文集天文、地理、人文等文化于一体，很多课文都反映着民俗文化、民俗传统，这些都是开发与利用民族优秀传统文化的资源。教师在教学中挖掘课文中的优秀传统文化对学生进行渗透教育，对思想和认识都处于可塑阶段的小学生而言，不仅能让优秀传统文化走进学生心田，还能让学生接受优秀传统文化的教育，从而树立正确的世界观、人生观和价值观，促进其健康成长。

三、重视优秀传统文化资源的运用

学以致用是指为了实际应用而学习，将理论与实际相结合，由浅入深地达到熟能生巧的过程。优秀传统文化的运用，主要体现在两个方面：一方面是我们在日常生活中与人相处时所体现出来的思想品德；另一方面就是学生笔尖流露出的情感，将自己在传统文化中所学习到的思想价值、古诗词、礼仪体现在自己的写作中。同时，教师还要开展一些教学活动，实现学生对优秀传统文化的应用，促使学生扩展知识，学习优秀传统文化的内涵和哲理，获得人生的感悟。

第一，开展教学活动，促进学生应用优秀的传统文化。教学活动是对课堂教学的补充，也是激发学生学习兴趣的一种策略。在优秀传统文化的渗透方面，教师可以根据教学需要或者节令需要，举办一些拓展学生视野和促进学生学习的活动，如书法比赛、诗词竞赛活动、德育活动、古诗词知识竞答等，都是不错的渗透优秀传统文化的方式。

第二，利用传统节日，促进学生应用优秀传统文化。中华民族历史悠久、文化源远流长，传统节日反映着民族传统习惯，凝聚着民族精神，承载着民族文化血脉，是中华民族文化的宝贵财富。将优秀传统文化的应用和传统节日结合起来，不仅可以促进学生对传统节日的认识，还能激发学生对优秀传统文化的喜爱。例如，春节是我们中国人都十分重视的节日，这样的节日寄托着劳动人民对美好生活的祝愿。又如，在重阳节，我们可以鼓励学生给家中的老人送一份礼物，或者用自己的劳动向长辈表达孝行。利用传统节日促进学生对中华优秀传统文化的应用，能加深学生对中国传统节日的了解，也能让学生了解我们中华民族的特质和文化风貌。

第三，在写作中运用优秀传统文化。写作通常是学生思想品德以及情感、态度与价值观的体现，教师可以将优秀传统文化渗透到写作教学中，如引导学生将古诗词运用到作文中，不仅可以增强文章的生动性，还能巩固学生的优秀传统文化知识。如"人生自古谁无死？留取丹心照汗青。"（文天祥《过零丁洋》），"至今思项羽，不肯过江东。"（李清照《夏日绝句》）等，在写作中应用传统文化，不仅能增加学生对知识的理解和积累，还能让学生体会到优秀传统文化的内涵。

第三章 小学语文知识教学与传统文化的融合

第一节 小学语文识字写字教学与传统文化

一、小学语文识字写字教学

汉字源远流长，博大精深，是中华文化的语言载体，甚至可以说是中国文化之根。学习汉字的过程，就是学习文化的过程。对于中国人而言，掌握汉字是学习语文的起点，也是学习其他课程和促进个人发展的基础。

（一）小学语文识字写字教学的建议

1. 小学语文识字写字的教学方式建议

开展写作教学和阅读教学工作前，要打好学生写字、识字的基础。为此，写字和识字是小学语文教学的首要任务，也是整个小学语文教学的重要内容。

根据低年级学生内心发展的特点，应该采取多认少写的教育模式，注重认字能力的培养，对写字的练习不应追求进度，揠苗助长。对此，应参照标准对应写字、识字的教学表格，先学习表中300个字的认和写，然后逐渐培养该方面的能力。

要根据儿童内心发展的特点，开展识字教学。在教学工作中，应选择学生容易理解的语言因素作为授课的主要材料，并与他们的生活相结合，这样才有助于调动学生学习的积极性；还可以利用多元化的教学方式引导学生主动识字，采取直观、形象的教学方式，建立形式多样的教学情境，提高识字教学的质量和效率。

在写字训练中，应严格按照书写规范，锻炼学生的态度、性情以及审美趣味。教师应起到辅助和引导的作用，参与到学生写字的每个学段中。除了要求写字质量，教师还要注重学生写字时的坐姿，让学生在写字时养成良好习惯。在前三个学段，教师应在语文课上抽出10分钟专门进行随堂练习，坚持每天训练，以提高学生的日常书写意识，这样将会取得一定的练字效果。

2. 小学语文识字写字的教学评价建议

评价学生汉语拼音的学习情况，主要在于拼读、认读、讲普通话、根据汉语拼音认汉字以及纠正口音等方面。

评价学生的识字情况，主要考查学生读准字音、认清字形、掌握字的含义的能力，包括在具体情境中使用汉字的能力，通过查找词典、字典等工具书修正字词的能力。在教学的第一、二学段中，以培养学生的学习兴趣为主要任务；在第三、四学段中考查和培养学生独立识字能力。

评价学生写字的情况，要求学生具备写字能力和水平，书写规范、正确、整洁、端正，并逐渐要求写字流畅。第一学段是学生写字的基础阶段，要打牢学生掌握汉字的基本结构、基本笔画的能力；第二、三阶段，应培养学生的书写能力；第四阶段，要进行基本行楷字的训练，并选择名家作品进行临摹。值得注意的是，在小学阶段时，都要注意学生的坐姿和写字习惯，及时纠正学生的不良坐姿。在第三学段中，学生应掌握 2500 个字的书写。此外，教学评价要基于提高学生写字、识字的兴趣，这样才有助于学生达到规范书写的要求。

（二）小学语文识字写字教学的策略

1. 小学语文识字教学的策略

在识字教学的过程中，合理地运用科学的教学策略，可以有效地提高识字教学的效率。

（1）遵循学生心理与激发学习兴趣。兴趣是最好的老师。在学习心理学中，兴趣是学习动机中最现实、最活跃的成分，是学习的重要动力。语文教学应该激发学生的学习兴趣，要让学生对学习汉字有浓厚的兴趣。因此，在识字教学中，要遵循学生的心理发展规律，激发学生的学习兴趣，有针对性地开展识字教学。

儿童的心理特征是好动、爱玩，不能长时间专注某一事物，喜欢接触形象的、具体的、有趣的东西，记忆力比较强，但易记也易忘。针对这种状况，在教学中，教师要采用多种手段，尽可能地采用实物、标本、模型、图画、幻灯片、录音、动作、表情或语言描绘等，把生字词的第一印象深深地印在学生的脑海里；还要调动学生多种感官参与识字，引导学生的眼、耳、鼻、舌、手等感官都参与到获得新知识的活动。为了更好地实现教学效果，教科书的编写者在选择教材内容的呈现方式时也力求适应小学生的心理特征。

（2）识写分开与多认少写。识字与写字分开是中国传统识字写字教学的宝贵经验（中国从唐代开始就有了专门用于识字写字的教材）。识字与写字分开至少有两点好处：对于识字而言，可以不受写字的牵累，保持较快的速度；对于写字而言，可以更加突出写字规律，让学生从最基本的笔画写起，练好基本功。

识字与写字是阅读和写作的基础。语文课程标准对识字教学提出了"认写分开，多认少写"的要求，这样有利于增加学生的识字量，让学生能提前读写，提前阅读。多认少写为尽快实现独立阅读创造了条件，小学低年级尽快认一定数量的字具有战略价值。如果识字速度很慢，识字量很少，根本无法实现阅读的要求。时间拖得越长，学生的阅读兴趣和要求就越无法满足，会产生不良影响。教师首先要了解课程标准提出多认少写、识写分开这一做法的原因；其次还应该明确识字、写字的具体要求，严格进行训练。

识字、写字是阅读和写作的基础，是一、二年级的教学重点。换言之，识字是学生学习文化的开始，学生如果没有掌握一定数量的汉字，就无法阅读和写作。要落实这一要求，就要在教学中突出这个重点，在教学时间、教学环节、教师指导、学生认记写等方面予以保证，特别是在阅读课上要防止只注重课文的阅读、理解，蜻蜓点水式地处理识字、写字的情况出现。识字，不仅是认识字的过程，还要加强字的印象，做到入眼、入脑、入心；写字，不仅是写出字的过程，还要写得正确，写得规范。在教学过程中，准确把握会认、会写这两类字的不同教学要求，是一个较为重要的内容。如果教学要求把握不准，把要求认识的字当成要求会写的字去教，提高认字的教学要求，不仅会加重学生的课业负担，而且会造成"认""写"相互掣肘，必然导致该认的不牢固、该写的写不好的结果。要求认识的字，只要求认识，在课文中认识，换个地方还认识，就可以了；要求会写的字，要能读准字音，识记字形，写得正确、端正，初步了解意思，并在口头和书面语言中练习运用。

（3）多种感官识记及寓识字于游戏之中。小学生活泼好动、注意力很难保持长时间的集中，这就要求教师在教学过程中要运用生动、活泼的形式，启发学生仔细观察字形，认认读读，认真听教师的讲解和同学的发音，用心思考，并要动手写一写。这样，学生运用多种感官积极活动，就能提高识字效率。常用的儿童喜欢的识字方法有以下三种：

第一，儿歌识字法。例如，"霉"字：编成口诀"每天下雨，屋里长霉"。"新"字：编成口诀"左边亲，右边斤，祖国面貌日日新"。"燕"字：编成口诀"草字头下一横短，北字分在口两边，四个点儿一排坐，合在一起就是燕"。"金"字：一个人，他姓王，口袋装着两块糖。"骛"字：文将军，手持长矛，骑马飞跑。

第二，字谜识字法。如字谜："中间一个十字架，上边小口不算大，下边大口套小口，旁边一只软耳挂。"儿童猜谜时按谜面分析，中间是"十"，上边是"口"，下边是"回"，右边是"阝"，根据谜面提供的条件，就可判断谜底是"鄙"字了。再如学"告"字，可以让学生猜"一口咬掉牛尾巴"；学"腾"字，可以让学生猜"夫人走娘家，头戴两朵花，住了一个月，骑马转回家"；学"臭"字，可以让学生猜"只因自大一点，惹得人人讨厌"；"胖"：一月长半斤；"树"：又在村中等。

第三，故事识字法。例如，一只能干的小黑熊，迈着四条小短腿，高高兴兴向我走来，想跟我玩游戏。"游"：游泳要到水（氵）里去，游泳池是方（方）形的，大人（人）带着孩子（子）去游泳；一个小孩子（子），戴着游泳帽（人）在方（方）形的水（氵）池里游泳。这些方法的运用可以调动学生学习的积极性，并能帮助学生记忆字形和理解字义。在运用时，可以由教师给学生猜字谜、编故事，但是更加提倡由学生来编字谜、编歌诀、编故事。一方面，学生对自己编出来的故事、歌诀、谜语印象更加深刻；另一方面，学生编字谜、歌诀和故事的过程就是他们自主地分析字形、理解字义的过程。这样不仅能锻炼他们的自学能力，还能提高他们的创新思维能力、语言表达能力。

（4）自主识字。当前，我们特别重视对学生自主识字能力的培养，在各个学段的教学目标中都有明确的要求

第一学段：学习独立识字。能借助汉语拼音认读汉字，学会用音序检字法和部首检字法查字典。

第二学段：养成主动识字的习惯。有初步的独立识字能力，会运用音序检字法和部首检字法查字典、词典。

第三学段：有较强的独立识字能力。这就需要教师让学生成为识字的主人，让学生选择自己喜欢的方式识字。小学生在入学前所受的教育有很大的差异，有的已经认识了一些字，而有的还是一张"白纸"，且学生先天智力发育情况也有所不同。因此，识字教学尤其需要因材施教，鼓励学生用自己喜欢的方式识字是一条有效的途径。

（5）开放识字。语文是母语教育课程，学习资源和实践机会无处不在，无时不有。教师应该树立大语文观，帮助学生利用好资源，开放识字的空间和渠道，指导学生在具体的与生活密切相关的语言环境中自主识字，从而提高识字效率。

第一，寓识字于家庭环境中。家庭教育是现代教育的重要组成部分，相对于学校教育具有针对性更强、方式方法更灵活、更能切合学生生活实际的特点。家庭生活中处处都有学语文的机会，处处都有识字的契机。

第二，寓识字于学校生活中。学校生活对于刚入学的学生而言是新奇的，校园良好的育人环境和丰富的学习生活也是引导学生及早识字的一个条件。

第三，寓识字于课外阅读中。在阅读中识字，能调动学生识字的主观能动性，有利于分散识字的难点，减轻识字带给学生的压力。把识字寓于课外阅读之中，能取得孤立识字无法相比的效果。

首先，要指导学生精心选择课外读物。这主要因小学生的年龄特点和兴趣而定，可以是短小精美的诗文、简短含蓄的寓言，也可以是丰富多彩的科普读物、妙趣横生的谜语笑

话。其次，要在指导阅读的过程中培养主动识字的意识，使学生不只把注意力放在插图和故事情节上，还要自觉能动地选择汉字进行识记、积累。当学生感到识字对阅读有用处时，识字的积极性、主动性、自觉性就一定会伴随着阅读能力和兴趣的提高而日益增长。最后，要努力激发和保持学生课外阅读的兴趣。教师可以组织多种形式的课外读书活动来激发学生的阅读热情，如成立课外阅读小组、开展读书竞赛活动、组织朗诵会和故事会等。只有从阅读中尝到乐趣，学生才会更加主动地识字，并使阅读成为自己精神生活中不可缺少的一部分。

（6）开放成果，巩固成效。为了巩固识字成果，更好地总结识字方法，教师还可以组织丰富多彩的检查、总结、交流的活动，使学生有机会展示自己的识字成果，交流识字感受，为自主识字形成良性循环。

第一，识字经验交流会。让学生在小组里或在班上讲述自己认识某一个字的途径、经过、方法，以促进学生之间相互交流，共享识字经验，扩大识字效果。

第二，识字竞赛活动。举行"识字擂台""识字大比拼"等竞赛活动，使学生有充分表现的机会，并带动在识字活动中还不够积极的学生热情参与。

（7）自主识字本展示会。虽然在自主识字活动中应遵循"顺其自然"的原则，可以只识不写，不规定硬性统一的任务，但为了把无意识地接触汉字变成有意识地认字，教师可以鼓励学生把自己主动识记的字做一些收集和整理工作。其中有一种方法深受学生欢迎，就是引导学生把日常生活中看到的报刊的标题刊头、产品介绍资料、食品包装等收集起来，从中选取自己感兴趣的字识记，然后剪下来（也可保持原貌），贴在自主识字本上，并进行编绘。这种自主识字本图文并茂、生动有趣，更能促进学生对识字活动产生浓烈的兴趣。在自主识字本展示会上，学生可以尽情地展示自己的得意之作，相互交流，共享乐趣，既能充分肯定自己的劳动成果，又能从中感受到满足和成功。

识字教学中，通过各种途径和方法鼓励并引导学生自主识字，开放识字的渠道，学生可以从中感受到学习和创造带来的快乐，这样不但能确立学生在学习中的主体地位，还有利于培养学生自主学习的意识和习惯，而且还能在不断的"新发现"中给学生带来成就感，使"苦学"变成了"乐学"，激发他们的创新能力。

（8）掌握识字与写字的具体方法。汉字是由音、形、义构成的统一体，要求会写的字必须使学生读准字音、识清字形、理解字义。这就要求学生掌握一些具体的方法。

第一，读准字音的工具。主要有以下方面：①借助汉语拼音读准字音。语文课程标准要求第一学段的学生能借助汉语拼音认读汉字。因此，借助汉语拼音读准字音既是学生必须具备的能力，又是读准字音最常用的一种方法。②利用形声字的特点读准字音。在学生需要认识的生字当中，形声字占的比重最大，因此，当遇到不认识的形声字时，可以根据形声字形旁表义、声旁表音的特点推测生字的读音。③容易读错的字的教学方法。汉字中有非常多的同音字、近音字、多音字，这给学生准确地辨认字音带来了困难。为了帮助学生读准字音，对于多音字可以以词定音，例如，乐、强、朝等有多个读音的字，可以将它们放在具体的语言环境中来辨析。对于同音字可以集中辨形，例如，带、戴、代；脑、恼、瑙；作、做等读音相同的字，可以进行归类识字，通过辨析字形来确定读音。对于近音字可以定音析义，例如，人、若；眺、笑；帮、攀等读音相近的字，可以将它们放在一起进行比较，辨析其读音和意义的不同，避免学生读错、用错。

第二，认清字形的工具，主要有五个方面，具体见表 3-1。

表 3-1 认清字形的方法

主要方法	具体内容
笔画分析法	笔画分析法是通过分析一个字由哪些笔画组成进行识字的方法，例如，"日"字由竖、横折、横、横组成。这种方法适合学生刚学汉字以及学习独体字时用。教学时既要讲清这个字由哪些笔画组成，又要说明笔顺规则，还要指出每一笔画在田字格的位置。这种方法的好处是可以巩固对汉字的零件——笔画的认识和掌握书写顺序，有利于正确认识字形
部首分析法	部首分析法是通过分析一个字的部首，让学生掌握偏旁部首的基本方法。如"木、土、火、金、丝、水、手、心、示"等，尤其要使学生掌握它们偏旁化后的形体变化
造字分析法	造字分析法是利用汉字的象形、会意、指事、形声等造字规律帮助学生识记字形的方法
结构重组法	结构重组法是采用在熟字的基础上（加、减、并）学新字的方法进行教学。"加"的操作，在熟字教学的基础上加笔画或偏旁构成新字；如目→自；良→粮；"减"的操作，在熟字教学的基础上减笔画或偏旁构成新字，如公→厶；何→可；"并"的操作，两个或几个汉字相列构成新字，如禾、火→秋；门、口→问；木、又、寸→树。这样就简化了记忆程序，缩小了记忆单位的数量，扩大了组块记忆的容量，同样有利于降低识记字形的难度，能提高识字效率。这种教学方法符合小学生的认知心理，有助于把握认知规律，变机械识记为意义识记，提高学生的识字能力
形近字比较法	形近字比较法是通过对形近字进行分析比较识记字形的方法。汉字中形近字较多，有的笔画相同，位置不同，如"由"和"甲"；有的字形相似，笔形不同，如"处"和"外"；有的字形相似，偏旁不同，如"晴"和"睛"；有的字形相似，笔画多少不同，如"今"和"令"；有的字形相似，笔画长短不同，如"土"和"士"；有的结构单位相同，部件位置不同，如"部"和"陪"；有的音同形近，如"很"和"狠"；有的音近形近，如"很"和"恨"；有的形近音异，如"贪"和"贫"。引导学生通过对形近字字形差异的比较来识记字形，可以降低错别字出现的概率

第三，用活字义的工具。汉字是表意文字，绝大部分汉字都有独立的意义。字义教学

对学生掌握字形有很大帮助，可以减少机械识记，增加意义识记。汉字具有同义、近义、多义、反义等复杂现象，因此，从字的教学开始，就要帮助学生建立正确的概念，使之领会字义的内容、感情色彩和用法，不断丰富学生的词汇并能正确地运用于读写。字义教学要联系学生已有的知识经验和具体的语言环境，坚持直观性原则，选择恰当的教学方法，激发学生的学习兴趣，使学生领会字的含义和用法。用活字义的方法具体见表3-2。

表3-2　用活字义的方法

主要方法	具体内容
构字法	构字法是根据汉字的造字规律帮助学生理解字义的方法。如象形字"爪"，像手指状，教师可以根据字形稍加描绘，学生不但能了解字义，还能掌握字形；学习指事字"互"，教师可以告诉学生："互"字上下两横的中间，竖折和横折相互勾连，相互靠在一起，表示互相依靠、互相帮助的意思；学习会意字"休"，教师可以告诉学生：左边是人，右边是木，表示人疲劳了，靠在树木旁休息；学习形声字，教师要讲清偏旁部首表义，基本字表音的特点。这种方法既可使学生掌握汉字的构字规律，又能使学生正确理解字义，还可提高学生学习汉字的兴趣
直观法	直观法是通过观察实物、图画、表情、动作、实验、表演等帮助学生理解字义的方法。如教"尖"字，让学生看圆锥体，使其知道上小下大就是尖；教"拿"字，做手指一合就拿住东西的动作；教"灭"字，做火上加盖就灭的实验。这种方法形象直观，学生学了以后绘印象深刻
联系法	联系法是运用学生经验中熟悉的词语和具体事物来理解字义的方法。如学"昔"字，可以告诉学生就是人们平常所说的"从前"；学"潜伏"一词，可联系电影中有关的场面使学生懂得潜伏就是为了完成某种任务而隐藏、埋伏的意思。这种方法可以唤起学生已有的生活经验，达到牢固地记住字义的目的
运用法	运用法是通过组词或造句帮助学生理解字义的方法。在汉语中，词有单音词、复音词之分。当一个字同时也是一个词时，可以以这个字为单位进行教学；当一个字不能表示一个意思时，就必须和别的字组成复音词来教。有些字因组合的不同，意义也会随之变化
比较法	比较法是通过找近义词、反义词让学生理解字义的方法。教学时，对生字多分析，多比较，可以准确地理解字义，区分具体事物的细微差别，提高理解、运用语言的能力。汉字中有许多字，从意义上看是基本相同的，只是在程度、色彩和使用范围上不同，如"拿"和"取"、"赠"和"送"、"吃"和"食"。通过近义比较，既能帮助学生理解字义，还能使学生学会准确用词。汉字中还有许多反义词，如"苦"和"甜"、"进"和"退"、"正"和"反"。通过反义比较，学生对学过的生字易懂易记，还能加深对字义的理解

主要方法	具体内容
类推概括法	类推概括法是通过类推和概括的方法理解字义的方法。类推法是通过熟悉的总概念去认识个别概念。例如，食具是总的名称，根据各自不同的特征和用途，分为碗、匙、盆、碟等。学习"碟"时，可以告诉学生这是一种食具。概括法是通过熟悉的个别概念认识总概念。例如，学"文具"这个词时，可以告诉学生笔、墨、纸、砚都是文具

虽然按字音、字形、字义三个方面分别分析了一些具体的教学方法，但在实际教学中，这些教学方法彼此之间是互相渗透的，音、形、义的教学往往是紧密联系在一起的，教师可以根据学生的学习情况和生字的难易程度有针对性地选择某一种或几种方法使用。

2. 小学语文写字教学的策略

小学语文是基础教育的重要学科之一。写字教学作为小学语文课程的基础内容，对义务教育阶段具有重要的教学意义。写字教学是素质教育最为重要的教学任务之一，要达到教学标准，学生需要长期训练，在写字中感悟汉字的魅力，陶冶情操，养成严谨、整洁的书写习惯。

在传统教育背景下，很多学校只注重成绩，而忽视了培养学生写字的兴趣，写字课程往往流于形式，只停留在浅层次的教学中，没有及时纠正学生错误的书写习惯，造成教学质量偏低。对此，切实提高写字教学的质量和效率，需要教师转变教学观念，完善教学方法，这样才能真正提高学生的语文素养。

（1）提高思想认识及重视写字教学。在小学语文教学任务中，写字教学占据较大比重。奠定好学生的写字基础，对学习其他学科具有重要意义，甚至会影响学生今后的学习和工作。由此可知，教师要高度重视写字教学。在思想观念方面，教师要提高教学认识，对写字教学的重要性、目的和意义有明确认知。具体而言，写字教学的意义主要有：①时筑牢识字教学成果的必要手段；②能锻炼学生的书写能力；③有助于学生养成认真的学习习惯；④在写字练习过程中，能增加学生对汉字的认可。小学语文课程应将写字教学细化成不同阶段，并建立相应的教学标准。

第一教学阶段：熟悉并掌握汉字书写的基本笔画、偏旁部首，按照正确的笔顺书写，在书写过程中注重间架结构。

第二教学阶段：熟练运用硬笔书写楷体字，要求端正、规范、整洁，养成良好的写字习惯，并开始用毛笔临摹。

第三教学阶段：用硬笔写字时，要求具备一定速度，书写行款整齐。练习毛笔字时，应尽量体现汉字的优美。

（2）培养学生的写字兴趣。兴趣是学生最好的老师。培养学生的兴趣，才能激发学生

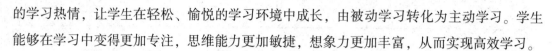

的学习热情，让学生在轻松、愉悦的学习环境中成长，由被动学习转化为主动学习。学生能够在学习中变得更加专注，思维能力更加敏捷，想象力更加丰富，从而实现高效学习。

汉字作为语言和科学知识的载体，本身具有抽象性，不仅是中华民族文明的标志、人们交流的重要方式，也是表达思想情感的绝佳方式。因此，汉字具有工具性和思想性。正是写字的客观特性，常常让学生觉得枯燥，又因为写字是依靠线条切割黑白空间体现，与五彩缤纷的绘画相比，缺乏形象性和色彩性，学生心理尚不成熟，自控能力差。对此，激发学生学习汉字的兴趣，成为教师教学任务的重点，也直接关系到学生的学习质量。因此，提高学生的写字兴趣，具体可以分为以下方面：

第一，明确告知学生写字的重要意义。让学生认识到写字能够实现思想交流，实现互通信息；写字也是一门艺术，能够陶冶情操，给人美的感受。

第二，增加课堂的趣味性。汉字是象形文字，是世界语言中最具魅力、最容易理解的文字。教师在进行汉字讲授时，要避免机械性训练的方式，应根据汉字意义，引经据典，合理拆分汉字结构，让学生正确理解汉字后再进行书写，使教学活动更有趣味性。

增加课堂的趣味性，主要包括：①教师要深入剖析教材内容，挖掘富有趣味性的知识。在课堂中，通过诙谐、幽默的教学方式和形象生动的肢体动作，吸引学生，活跃课堂气氛，实现快乐学习。②结合生活实际，将汉字与学生日常生活中紧密相关的事物联系在一起，让文字符号更加直观，加深学生对汉字学习的印象，提高教学质量。③引经据典，结合著名书法家的典故，向学生讲述他们的事迹，为学生树立勤奋好学的人物形象，将持之以恒的学习态度潜移默化地埋藏在学生心中；④教师要及时掌握学生的内心情况，了解该阶段学生的心理特点，尊重学生的个体差异性，理解学生自尊心强、好胜心强的特点，采取形式多样的作业展览，开展书法比赛，培养学生的竞争意识，调动学生学习的主动性。⑤避免紧张的学习氛围，在写字时应放松学生紧张的情绪，可以播放舒缓、悠扬的音乐，使学生保持舒畅的心情，从而更好地投入写字练习。

第三，增强学生的获得感和认同感。教师要建立和完善激励机制，让学生在学习中获得认可，增加学生的学习动力，善于发现学生的优秀之处，坚持多鼓励、肯定的教学方式，增强学生学习的自信心，让学生克服学习中遇到的困难，从而取得进步。

（3）培养学生写字的良好习惯。写字教学在小学教育阶段具有十分重要的意义，不容忽视的是学生在写字时的执笔方法和写字姿势同样重要，需要教师给予足够的重视，特别是对于低年级学生，良好的写字基础有益于他们今后的学习和工作。

第一，培养学生正确的书写姿势。目前，大部分教师只注重学生的写字质量，而忽视了学生的写字姿势，导致学生难以养成良好的书写习惯。对此，教师要从学生写铅笔字开始，注重学生的正确坐姿。

小学语文教学与传统文化的融合研究

保持正确坐姿，要求胸口距离桌面大约一拳远，身体平坐于椅子上，两肩齐平，腰板挺直，头稍向前倾，右手拿笔，左臂放在书桌上。书写时，写字本要正对身体放置，切忌左右斜放，在写到三分之二篇幅时，将本子向上推移。书写时不能趴在桌子上，眼睛与纸面保持30cm左右的距离，过近容易造成近视，影响视力健康。

学生在练习写字时，开始很难坐住，教师要有耐心，及时纠正、提醒，直至学生养成良好的习惯。教师可以将标准坐姿的图片放在班级的醒目位置，如挂在黑板旁边，学生可以根据图片姿势自我矫正，或者将正确的写字姿势用儿歌的形式表达出来，让学生牢记并实践。

第二，培养学生正确执笔。学生能否正确执笔，直接关系到书写的速度和质量。传统的教学过程中，大部分教师对写字姿势没有清晰的认识，而是片面理解为"三个一"，忽略执笔最为关键的方法，即右手执笔，大拇指与笔尖距离约3cm，食指与大拇指自然弯曲，中指抵住笔杆内侧，小指和无名指自然虚握，朝手心内弯曲；虎口处呈扁圆形，笔杆斜靠在虎口上，与纸面大约35°角为最佳，方便学生看清楚自己所写的字，避免歪头，或趴在桌子上，难以保持良好的坐姿。

在进行写字练习时，教师要对学生进行逐个检查，要求每个学生在写字前正确执笔和保持良好坐姿，对学生出现的问题，教师要耐心纠正，反复强调，并具体指导。同时，教师要引导学生养成节约纸张、爱惜文具的好习惯，写完作业后及时收拾和整理学习用品，养成干净、整洁的生活态度。在写作业时，尽量少用或不用改正纸、涂改液等化学物品，避免对身体健康造成伤害。

在写字速度方面，不宜过快，写字的任务量要适中，不提倡过量写字，特别对于初学者，这样容易给学生带来心理压力。开始写字时，以写慢、写好为标准，然后一步步提高写字的速度和数量。此外，教师要积极与家长沟通，反映学生在校内写字的情况，要家长关注学生写字时的姿势，发现问题及时纠正，帮助学生养成良好的写字姿势。

第三，写字的技巧与方法，见表3-3。

表3-3　写字的技巧与方法

主要技巧与方法	具体内容
笔画练习	笔画是汉字的基本单位，笔画练习是写好汉字的基础。在进行新字讲解前，教师应首先讲授笔画名称，然后结合相关图像，分析笔画特点，加深学生对新字的理解。教师应结合教学实际，采取编儿歌或者结合运笔图等形式，让学生更容易掌握笔画写法的规律，降低汉字书写难度。学生在进行笔画练习时，利用田字格的方框结构，更容易找到下笔位置

主要技巧与方法	具体内容
正确的笔顺	汉字书写时，要注意笔顺，主要分为：先写横后写竖；撇在先捺在后；从外到内，由上至下；由左到右；先写里头再封口。对此，教师要播放相关视频资料，或者给学生讲述笔画的书写顺序，让学生对下笔写字有更清楚的认识，提高学生理性和感性的认识；再根据学生的学习程度，选择相应难度的生字进行书写练习，丰富学生的汉字库储备
利用田字格进行书写练习	田字格的边框和横竖线条，对初学写字者有很大帮助，能够帮助学生合理规划空间结构，将字写得正确、工整。教师要指导学生特别注意田字格中的横中线和竖中线，以掌握字的中心，并且写字时注意不要把格子都占满，四周要留一点空隙。在写字前，用手或铅笔边说边指出田字格部位，引导学生注意各种结构单位搭配时的比例，让学生把握田字格的方位

综上所述，写字教学是继承和弘扬中华民族传统文化的一项基础工程，对提高学生的科学文化素质，促进学生的身心健康具有直接影响，对学生意志的磨炼、情操的陶冶、坚强品格的培养都会产生潜移默化的作用。"字如其人""字正人正"，教师应该摒弃那种"熟读唐诗三百首，不会作诗也会吟"的传统的机械练习的陋习，而代之以科学的、合理的、有效的教学方法，使写字教学既新又活。

二、小学语文识字写字教学中传统文化的渗透

（一）小学语文识字写字教学中传统文化渗透的意义

教师要想更好地通过小学语文教学中的识字写字内容，给学生渗透优秀的传统文化观念，同时树立学生们的传统文化意识，并更深层次地了解汉字内容，其自身的首要教学任务就是了解在当前课程开展中渗透传统文化的意义所在，进而为后续课程的革新提供明确目标。下面以小学语文第一学段识字写字教学中优秀传统文化的渗透为例进行分析。

1. 有利于推动文化传承和创新

"于小学识字写字教学中渗透传统文化教育内容，最突出的一点优势就在于，它能够有效推动传统文化在当前社会的传承与创新"①。因为汉字本身是优秀传统文化中的一部分，教师将传统文化融入对小学生展开的识字写字教学中，便能够使传统文化与现代课程之间构建良好的沟通桥梁，使课堂教学出现相得益彰的良好效果。而且小学语文教师在对学生进行识字写字教学时，往往会用到小学语文教材中的部分诗、词、故事。而教材中

---

① 王芸. 小学语文第一学段识字写字教学中优秀传统文化的渗透探讨 [J]. 读写算，2022（3）：28.

其实拥有一定的传统文化沉淀，教师再于其中渗透相应的文化内容，便能够给学生营造格外良好的传统文化学习氛围。在这样的环境氛围中，学生自身接受到良好的熏陶，便能够于心灵深处留下印记，而这对其后续的生活和学习都有着相对重要的影响。当养成良好的传统文化意识观念后，学生在日后的生活中不自觉地体现，便能够达到推动文化传承与创新的目的，使优秀的传统文化在他们这一代开花结果。

2. 符合素质教育的客观要求

若说上述内容是对传统文化起到的积极作用，"符合素质教育的客观要求"这一点优势则是对学生自身起到的积极影响。在小学识字写字的教学过程中，渗透优秀传统文化内容能够更直观地给学生汉字的解释，这不但能够激发学生学习汉字的兴趣，还能够使其更全面地理解汉字的含义，感受汉字的文化之美，从而强化自身的学习理解能力。而在教学课程中渗透的优秀传统文化内容，还会让学生在课程学习中不经意地接触并吸收到优秀的传统文化观、文化审美意识，而这会对其自身综合能力的发展、身心素养的提高均起到积极意义。由此可知，优秀的传统文化作为素质教育的突破口，被教师应用于小学语文识字写字过程中，是全面推进素质教育的客观要求，是推动学生自身综合能力进一步发展的必要手段。

（二）小学语文识字写字教学中渗透传统文化的目的

教师应该加大对教育目标的重视力度，从而明确课程开展与革新的新方向，避免出现使用教学资源但达不到既定教学标准的问题。

第一，通过描红，认识汉字。明确的教学目标中，教师要先利用带领学生模仿笔迹的形式，帮助学生认识汉字，了解汉字发展的大致趋向。因为在识字写字教学中，让学生对汉字内容进行相应的了解是学习的基础。之后教师再将传统文化的内容融于描红之中，让学生得到相应的理论学习。例如，教师可以选择一些传统文化意识较强的内容（如名人名言、优秀诗词等）带领学生描红，这样既能够其学生认识到汉字的表达形式，还能够提高其自身的德育认知。

第二，重视笔画，了解汉字。小学语文识字写字教学的内容中，笔画的相关内容教学是相对重要的一个环节，是学生能够更好地理解汉字的重要手段。因此，教师可以在课程中更多地重视笔画教学，将其中涉及的每一道笔画含义都讲解清楚。在这一教学环节中融入传统教学内容，也是良好的教学手段，如利用更具文化含义的成语、诗词解析帮助学生认识某些内涵丰富的汉字，这样就能够更好地帮助学生认识并了解汉字的含义，同时形成良好的传统文化观念。

第三，观看图片，感悟汉字。当学生对汉字内容拥有了相应的认识和了解之后，教师还可以尝试利用图片、视频的表现形式，将汉字教学的内容以动态表达的形式展现给学生，从而激发他们的学习兴趣，并让他们更好地感悟汉字之美。对此，教师可以在网络上选取一些既能够表达出汉字的含义，又具有相应的美感、内涵的视频，在课堂上播放展示。这样的方式相较于传统教学手段，更具新颖性，更能激发学生的学习兴趣，能够让他们直观地感受到汉字之美、传统文化之美。

（三）小学语文识字写字教学中传统文化渗透的途径

1. 教学目标设计

（1）独体字教学目标的设计。独体字是学生学习其他汉字的基础，独体字主要在低年级中有所体现，随着年级的升高，独体字数量减少，合体字数量增多。独体字有很强的构字能力，是汉字的中心，对于独体字的学习要精准把握其字形、字音、字义，以此为后期合成字、衍生字的学习做铺垫，可见独体字的教学要着重注意其准确性。很多独体字是由图画演变而来的，且多为指事字与象形字，比较具体，符合低年级学生的形象思维。另外深入挖掘汉字的产生与演变过程，有助于学生根据汉字相似的符号理解与记忆汉字，让汉字学习事半功倍。在此教师要加强独体字字源字理的挖掘，将抽象的文字符号变得形象化，进而帮助学生更好地理解与记忆。在此教师进行独体字教学目标设计的时候，除了关注常规教学目标，还要注重：①感悟汉字字形之美，精准识记；②掌握独体字的起源及其演变过程，激发学生对汉字文化的喜爱。

（2）合体字教学目标的设计。合体字的识写可从第一学段延伸到第三学段，随着学习时间的增加，学生接触的合体字数量也有所增加。传统汉字教学中，合体字可分解，可以由独体字组成，可以由独体字与偏旁组成。合体字可分为会意字与形声字，以形声字中的"火"字旁的汉字为例，在"中国美食"教学中关于汉字识写教学的目标可以设置为：掌握"火"字旁所属汉字的意思与形态，进而列举出同类属的汉字，分析汉字的构形，掌握中国传统美食的烹饪文化。

2. 教学内容设计

小学语文第一段写字识字教学中传统文化的渗透，就是利用课堂，挖掘教材外可使用的优秀文化进行举例，呈现更多传统文化课程资源。

（1）物质方面渗透传统文化。物质文化包含建筑、交通、饮食等与人类生存有关的众多领域，包含物质产生文化与发展文化，最终伴随的目的就是生存。将这些物质文化与第一学段的识字写字教学结合，能形成数量庞大的传统文化基础，如建筑文化、美食文化、乐器文化、山水文化、茶文化等，此层次呈现的文化更具有直观性，且与人们的生活密切相关，比较符合低龄学生的身心发展特点，进行识字写字教学时教师对此部分资源的展示也要以欣赏为主。

（2）精神方面渗透传统文化。精神层次渗透传统文化指的是人类在生存与发展过程中创造的优良思想与意识形态结合，其始终伴随人们的生活，是对其的思考与探寻，跨越时空，优化人性。第一学段识字写字教学中传统精神文化的渗透种类较多，包括孝文化、仁义文化、家国文化、礼仪文化等。此部分传统文化相对而言比较抽象，教师在选择有关教学内容的时候，要结合低年级学生知识吸收能力，深入浅出，助其快速理解。例如，《金木水火土》一课中涉及五行文化，这是中国传统文化的瑰宝，但是因为学生理解能力有限，教师不可能完全讲解此部分文化。但是也不能完全不讲，需要教师有效挑选五行文化材料，再探究教授方式。即，让学生说出有关"金木水火土"的事物，在列举后由教师总结并引导，让学生了解到金、木、水、火、土本是自然界中的事物，随处可见。教师讲解自然中的金、木、水、火、土本是万物的基础，以此引发学生对人生与自然的思考。课堂上点到为止，为学生留白，激发其兴趣，并将关于五行文化的学习探究延伸到课外，进行拓展学习。

3. 教学方式设计

（1）利用传统文化创造识字氛围。第一学段的识字写字教学，要以传统文化为学习材料，丰富学生的学习素材。利用更多优秀传统文化的内容，以不同形式参与到识字写字教学中，可提升学生识字写字的效果。

作为导入材料，可通过具有趣味性、生活性的传统文化资料的渗透，激发学生识字写字的兴趣，并在此过程中增长知识。将传统文化材料作为导入材料，呈现方式更加灵活、自然，如传统文化趣味故事、动听乐曲、优美图画等。

（2）追溯汉字文化，准确高效识写。利用丰富的汉字文化内容进行识字写字教学可提升教学的高效性。汉字作为中华民族数千年来延续下来的文字，记录着中华民族的发展历史，并形成了完整的汉字文化系统。对于汉字文化的不断探究与深入挖掘，可以激发学生对汉字学习的兴趣，进而在探究中慢慢建立热爱母语、热爱中华文化的思想感情，帮助第一学段的学生树立正确的汉字学习观，提升其汉字识写速度。

识字写字教学中，教师可尝试运用汉字文化中的构字依据实施教学。即从人们造字时选取的物象角度，让汉字形与意建立联系。教师可依据汉字构字列理据表达式，即汉字构字 = ｛字形、物象、联系｝。三者组成汉字整体，以此帮助学生高效进行识字写字。例如，"窗"字的教学，从资源上分析，其中的"囱"本就是按照"窗户"的模样书写的，接着为学生展示"囱"字的演变，再结合窗户的样子，让学生深入了解"囱"字里面的部分，实际上是古代窗户内部木材相交模样的演变，以此加深学生对其中"夕"字的记忆。

识字写字教学中对于字源字理的运用并不是全能的，因为很多汉字随着时间的推进发生了较大的变化，对于此类汉字运用字源字理教学方法反而会提升学生学习难度。例如，汉字"东"是"東"字演化而来的，其本质是一种没有底部的袋子，装了东西后在两头扎紧即可。随着汉字的使用，原本意思消失，变成方位的含义。因此，此类汉字单从字源字理入手，就会增加学生学习的难度。因此，教师在使用字源字理教学的时候要有所筛选与侧重。

总而言之，汉字与中华优秀传统文化是相辅相成的。经过大量识字写字教学经验，经过对教学目标、教学内容与教学方式的研究，分析如何在识字写字教学中渗透优秀传统文化，可以真正落实写字识字教学与中华传统文化教育的结合。

第二节　小学语文口语交际教学与传统文化

一、小学语文口语交际教学

口语交际教学是小学语文教学的重要组成部分。口语交际教学能够增强学生与人交际的意识，提高学生运用普通话理解和表达的能力，培养学生良好的语言习惯。在整个小学语文教学中，口语交际教学与阅读教学、写作教学关系密切，相辅相成，相互为用，但又各有职责，不可替代。

（一）小学语文口语交际教学的意义和要求

1. 小学语文口语交际教学的意义

（1）培养学生的口语交际能力，是提高小学语文教学质量的需要，听说读写是一个有机的整体，综合作用于学生语文素养的提高。听说的训练，能培养学生正确地理解和运用口头语言的能力；读写的训练，能培养学生正确地理解和运用书面语言的能力。教学实践证明，凡口头语言发展得好、听说能力强的学生，读写能力也比较强。小学阶段是儿童语言发展的最佳时期，在这一阶段，从训练口头语言入手，加强听说能力和良好语言习惯的培养，对他们今后的发展和对提高语文教学的质量都有重要意义。

（2）培养学生的口语交际能力，是现代生活、学习、工作的需要。口语交际能力，是一种在交往过程中表现出来的灵活、机智的听说能力和待人处事的能力。使学生具备一定的口语交际的本领，是时代发展的需要。

（3）培养学生的口语交际能力，有利于促进学生思维能力的发展。语言是思维的外衣。理解和表达都与人的思维紧密相关。听人说话要理解内容，抓住要点，离不开思维活动；要清楚明白地表达自己的意思，不仅要想清楚要说的语言，还要组织好语言，更离不开思维。所以，口语交际的过程也就是思维活动的过程。和书面语言相比，口头语言以声音为载体，具有稍纵即逝的特点，没有从容思考的时间；而书面语言容许在一定时间内推敲和修改。口语交际要求有更高的应变能力，这就必然促进思维灵敏性、准确性的发展。

2. 小学语文口语交际教学的要求

当前课程标准对小学阶段的口语交际教学提出了明确要求，即具有日常口语交际的基本能力，学会倾听、表达与交流，初步学会运用口头语言文明地进行人际沟通和社会交往，关于口语，应培养学生倾听、表达和应对的能力，使学生具有文明和谐地进行人际交流的素养。口语交际是听与说双方的互动过程。教学活动主要应在具体的交际情境中进行，不宜采用大量讲授口语交际原则、要领的方式，而应努力选择贴近生活的话题，采用灵活的形式组织教学。重视在语文课堂教学中培养口语交际的能力，鼓励学生在各科教学活动以及日常生活中锻炼口语交际能力。

综上所述，小学阶段口语交际教学的要求，包含以下三个方面的内容：

（1）规范学生的口头语言。规范学生的口头语言，要训练学生说普通话。学生在入学以后，应要求他们学说普通话，而且在课内课外、校内校外都要坚持说普通话。教师要以身作则，用普通话讲课，用普通话与学生交谈，努力创造一种人人都说普通话的环境。学生在入学前已经能说许多话，但也存在许多语言不规范的现象，如语句不完整、重复啰唆、不必要的口头禅等，教师要随时注意纠正学生不规范的语言。

（2）提高口语交际能力。口语交际能力包括倾听、表达和应对的能力。听人说话，要能领会主要内容；对人说话，要能用普通话清楚明白地表达自己的意思，并能根据交际的对象和场合发表意见。

（3）培养良好的口语交际习惯。口语交际要讲究文明礼貌，这是当代人文明素养的一个重要方面。听人说话时要认真耐心，集中注意力，边听边想；对人说话时要使用礼貌用语，声音适度，态度大方；有不理解的地方要虚心向别人请教，有不同的意见可以提出来与别人商讨。

以上三个方面的要求，要贯穿在小学口语交际的始终，从一年级起就要明确要求，加强训练，并在后续各个年级持之以恒，逐步提高要求。

（二）小学语文口语交际教学的主要过程

当代小学语文口语交际教学是对学生进行口语交际能力训练的过程。小学生在入学前已有了一定的口语能力，但那是从生活中不自觉地习得的。入学后要使他们的口语交际能力不断有所提高，需要经过扎实有序的训练。

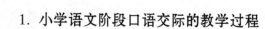

1. 小学语文阶段口语交际的教学过程

儿童的年龄特点之一是喜听好说，求知欲强，表现欲强。学龄初的孩子已经"能说会道"。但他们的思维尚未得到充分发展，无意注意占优势，听话时常常注意力不集中；说话时意思表达不清楚，各种语病比较多。因此，小学低年级的口语交际训练，应针对学生的年龄特点，因势利导，以他们熟悉的学习、游戏、生活为话题，创设具体的交际情境，激发学生与人交际的兴趣，并在充满情趣的交际过程中，注意规范学生的口头语言。

在整个小学阶段，都要坚持进行说普通话的训练，使学生说普通话的能力逐步得到提高，并且养成时时处处说普通话的习惯；还要把文明礼貌的教育贯穿于口语交际训练的始终。

2. 小学语文一次口语交际教学的过程

小学语文一次口语交际教学的过程，一般可以分为以下三个阶段：

（1）创设情境，引出话题。这一阶段的目的在于激发学生与人交谈的兴趣，并且让学生知道围绕哪个方面来交谈，这一阶段应做的主要工作是提供条件，创设情境，使学生产生就某一方面进行交谈的愿望。例如，要练习介绍各自的玩具，可分成小组先把各人带来的玩具尽情地玩一玩；要练习介绍最近开展过的活动，可先引起学生对活动情景的回忆等。应注意的是，创设情境这一环节时间不宜过长，要及时把学生玩和看的兴奋点转移到口语交际上来。

（2）在互动中练习听说。口语交际是听与说双方的互动过程。教学活动主要应在具体的交际情境中进行。口语交际能力的培养要在双向互动的语言实践中进行。师生之间、生生之间的"双向互动"，是口语交际教学的主要特点，也是它与以往的说话课的不同之处。说话课往往注重各自讲述，学生可以互不干涉。口语交际则一定要交流起来，围绕一个共同感兴趣的话题，大家畅所欲言，既谈自己的见闻感受，又对别人的发言做补充，做评议，甚至进行争论。正是在这样的双向互动中，学生增长了见识，发展了语言，提高了应对的能力。

（3）总结讲评。总结讲评是练习的继续和提高。在口语交际课结束之前，一般应留出一些时间，对本节课进行总结讲评。可以师生共同回顾本节课的学习过程和主要收获，对表现好的和进步大的学生提出表扬，还可根据本节课的教学实际，适当布置课后的语言实践活动。

上述是一次口语交际教学的一般过程。口语交际教学的方式多种多样，也不可能有固定的程式。教师应根据具体情况，灵活地安排教学过程。

（三）小学语文口语交际训练的途径和方式

1. 小学语文口语交际训练的途径

口语交际训练的途径十分广阔，主要有以下三种：

（1）通过口语交际课进行训练。口语交际课，是专门为训练学生的口语交际能力开设的。应充分利用这一阵地，创设多种多样的交际情境，让每个学生都能无拘无束地参与讨论交流，在具体的交际情境中，培养和提高学生倾听、表达和应对的能力。

（2）在语文教学的各个环节中进行训练。在语文教学过程中，学生听讲、朗读、复述、回答、讨论、口述作文等，都是口语交际的实际训练。教师要特别重视在阅读教学过程中，引导学生提出不懂的问题，发表各自的见解，交流对课文的理解、体会，对重点问题进行切磋讨论。这既是阅读理解能力的训练，又是切实的口语交际能力的训练。

（3）在日常生活中进行训练。日常生活中，时时处处离不开听话、说话。因此，时时处处都有练习听话、说话的机会。语文教师要做有心人，不失时机地鼓励学生在日常生活中积极主动地锻炼口语交际能力。

2. 小学语文口语交际训练的方式

当代小学语文口语交际训练的方式很多，常用的方式具体如下：

（1）直接观察事物进行口语交际训练。直接观察事物进行口语交际训练是对事物直接观察后进行口语交际。观察可以在课上进行；也可以在课外观察，再到课堂上来交流。学生可以观察同一事物，也可以观察不同事物。采用观察事物后进行口语交际训练的方式，需要注意以下方面：

第一，在指导观察上下功夫。如有可能，教师最好能和学生一同观察，以便在观察过程中加以具体指导。

第二，设计好引导的思路，使学生交谈的内容逐步深入，另外，教师在和学生一同观察的基础上，还要在口语交际课上进行相应的引导。

第三，注意放手让学生用自己的话表达自己要说的意思，在表达形式上不要多加限制，在表达内容上也不宜规定得过于具体。要鼓励学生从不同的角度，用不同的语言表达自己的见闻感受，让学生畅所欲言。其他学生要边听边想，可以插话，可以补充，也可以发表不同意见。

（2）听故事进行口语交际训练。可以在学生听讲故事后进行口语交际。故事可以由教师讲，也可以由学生讲，还可以听录音。进行这种类型的口语交际训练，要注意以下方面：

第一，选好故事，讲好故事。所选的故事应富有儿童情趣，符合学生的接受能力，能引起学生的兴趣，启发学生思考。讲故事的时候，要有吸引力，有启发性，能吸引学生聚精会神地听，启发学生边听边想。

第二，引导学生由所听的故事展开想象。复述故事，可以作为口语交际的一个环节，但不能作为重点，因为复述主要是重复故事里的语言，简单地停留于复述不利于学生语言能力的发展。听故事进行口语交际，应该把所听的故事作为引子，重点交流听了故事想到的内容。可以引导学生用自己的话说说对故事的理解和感受，也可以对故事中提出的问题展开讨论，还可以练习续编故事。

（3）结合实验、制作进行口语交际训练。实验和制作，是学生在课内、课外经常进行的活动，结合实验、制作进行口语交际训练，体现了学科之间的融合。采用这种训练方式，要注意以下方面：

第一，所选的实验和制作要符合学生的年龄特点和认知水平。学生年龄小，知识积累少，所选的实验一定要过程比较简单，结果比较鲜明，使学生能够看得明白，说得清楚。在课堂上进行的制作，应该是不太复杂，学生容易做成功、说清楚的。为了鼓励学生的创造性，丰富口语交际的内容，可以让学生做不同的实验，搞不同的制作。

第二，说话的要求要恰当。从内容上看，实验说话，一般只要求说清楚实验的过程和看到的变化，对有关的道理一般不做要求。制作说话，一般是着重介绍制作的过程，介绍作品的形状、特点、用处，也可交流制作时的心情。

第三，要妥善处理做和说的关系。实验和制作在课堂上进行，能使做和说有机地结合起来，是应该提倡的好形式。但实验和制作花费的时间不能太长，要保证口语交际课的绝大部分时间用于练习听说，还要注意及时地把学生的注意力引导到互相交流上来。有的学生对实验、制作兴趣浓厚，要他们交流的时候可能还在忙着做，这就要靠教师适时、巧妙引导。

以上探讨的是口语交际训练的主要方式。随着教学改革的逐步深入，教师们在教学实践中一定还会创造出更多新的口语交际训练方法，口语交际训练的经验也一定会更加充实和丰富。

二、小学语文口语交际教学中传统文化的渗透

随着时代的不断进步，社会需要更加健全、全面发展的人才，以维持社会及国家的持续发展和壮大，因此，对学生的教育问题也更加关注，人们不再将目光局限于成绩和学历上，更需要提高个人素质。"君子文化"与小学语文口语交际课堂相结合，在提高小学生口语交际的同时，渗透"君子教育"，能够培养正直、乐观、阳光的祖国接班人，弘扬中华美德，彰显国之本色。下面以君子文化在小学语文口语交际教学中的应用为例探讨小学

语文口语交际教学中传统文化的渗透。

（一）依托教材，打开学生的思维

依托教材，打开思维，即根据课本谈论。小学语文教材内容丰富多样，教师可以充分运用和挖掘教材资源，进而依托教材，开展多样化的口语交际训练活动。例如，在《司马光》一课中，教师先按照正常程序，帮助学生认识生字、生词，解决教材中的问题，掌握本节课的重点、难点，接下来的时间里，从教材中找到突破口，为学生渗透"君子教育"。教师先提出一个问题：

"你认为司马光的行为说明了什么？如果你遇到类似事件，你会怎样做？"

学生思考这两个问题时，教师引导学生往"沉着、冷静、机敏、处事不惊"等方面思考，接下来教师问：

"其他孩子的表现是普通人的正常表现，为何司马光与常人不同？"

教师继续引导学生想到"心理素质佳、知识面广、成熟"等方面，结合这些优点，教师总结：

"在特殊情况之下，能够冷静处事，有良好心理素质的人毕竟占少数，而司马光小小年纪能够如此沉着，可见其与众不同之处。此外，他能够如此沉着靠的是平日知识的积累。可见，一个人的内心强大，知识渊博，处事冷静、沉着有相当大的益处。大家觉得，除了这些优点之外，一个人还需要具备哪些优点呢？或者说，你想具备哪些优点？举一些名人事例，并分析在这些事件中，体现了主人公的哪些优点。"

教师将剩余时间留给学生讨论，或布置在课后作业中，让学生举例、分析并发表个人感想，锻炼学生的口语交际能力。

（二）构建情境，灵感源于生活

构建情境，灵感源于生活，即找生活实例。创设情境是培养学生口语交际能力的重要手段之一，教师结合学生的兴趣、爱好，巧妙地把学生置入特定的生活情境中，顺其自然地融入角色，真实地感受口语交际的乐趣，从而增强自我表达、自我交际的兴趣，有助于学生的全面发展。

例如，教师可以在班会中举办一些"主题讨论会"或者"主题辩论会"等活动。教师可以首先在活动前做好准备，准备相关课件，和学生一起搜集新闻、身边的真实事件等案例，并将案例整理到课件中。此外，根据案例寻找与之相关的"名言警句"等。

（三）好学善问，积累内化知识

好学善问，积累内化知识，即提问。课堂上，教师引导学生有针对性地问、巧妙地问，让学生积极地参与到口语交际中来，能提高课堂的互动，进一步催化课堂氛围。另外，学生通过对"君子文化"的提问，引发深入的反思和探究，更有助于学生形成正确的观念。

例如，教师让学生搜集关于"君子"的名言或诗句，并理解其内涵，将不明白或不懂的地方标记出来，试着写出自己对"君子"的看法，如君子在言行举止、待人接物等方面应该怎样做，自己与"君子"之间的差距有哪些。在讨论的过程中，教师要引导学生进行提问，并且对学生提出的问题不要立刻解答，要引导学生一步步自己寻找答案，如学生问道："'吾日三省吾身'为何要用'三'来形容多次；为何要'日三省'，它与君子有哪些必然联系"

教师解答第一个问题时，可以先给学生提供一些词语，如"再三……""一而再，再而三""三思而后行"等，让学生理解词义，从"三思而后行"能看出，做任何事情只有考虑周全才能行动，"三"在其中并不表示数量上的"三"。

第二个问题能引导学生明白"自省"的益处，它能像一面镜子，时刻帮助了解自己，提醒自己，在做决定之前要再三衡量，经常反省自己身上的优缺点，看看身边的案例，其中的问题自己是否存在，有则改之，无则加勉。真正的君子敢于面对自己的弱点并严格改之，对自己要求很高。教师在总结过程中，可以让学生更多地发言，引导学生的思维走向，锻炼口语能力。

总而言之，学校教育要与时俱进，营造一种"君子文化"，用中华民族高雅的文明精神，锻造一批德才兼备、具有君子特有的"自强不息，厚德载物"品性的时代人才。这是时代重任和历史使命，我们教育工作者决不可掉以轻心。

第三节　小学语文综合性学习教学与传统文化

一、小学语文综合性学习教学

综合性学习主要体现为语文知识的综合运用、听说读写能力的整体发展、语文课程与其他课程的沟通、书本学习与实践活动的紧密结合。关于小学语文综合性学习教学阐述如下：

第一，语文综合性学习是以读写听说能力的整体发展为首要目标的语文实践活动。这一定义强调了两个方面：语文综合性学习的本质是语文实践活动；提高读写听说的综合能力是语文综合性学习的首要目的。

第二，对小学语文综合性学习的内涵，可做教学主体、学习方式、培养目标、学习途径、成果形态、综合特点等方面的描述。对小学语文综合性学习的内涵从这些方面去描述是比较全面的，但作为定义，这样显然不够简明。

第三，把小学语文综合性学习简单定义为：围绕某一主题或任务，通过学生的自主活动，学语文，用语文，全面提高语文素养的学习方式，这一定义中有四个要点：①围绕某一主题或任务进行，即综合性学习应有一个主题或总的任务——或者从事某项活动，或者研究某个问题等——这就给语文学习赋予了意义与趣味，会给学生提供学习的动力；②学生自主活动，即小学语文综合性学习应是学生自主的学习活动，教师应该给予指导，但不能取代学生的主体地位；③学语文、用语文，即应该把活动与学习语文、运用语文结合起来，通过活动学习语文，或在活动中运用语文；④全面提高语文素养，即通过小学语文综合性学习活动，应尽量使学生多方面的语文素养得到锻炼和提高。

（一）小学语文综合性学习的特性

第一，目标的全面性。小学语文综合性学习的目标是全面提高学生的语文素养。既要考虑知识，又要考虑能力，还要考虑情感、态度和价值观等，而知识、能力、情感、态度和价值观各方面所涉及的内容也应尽量考虑全面。

第二，内容的综合性。小学语文综合性学习的内容应是多方面并且相互联系的，既要注意语文知识能力的综合，又要注意语文课程与其他课程的沟通，注意语文学习与社会活动、日常生活的联系。

第三，时空的开放性。小学语文综合性学习应突破课堂与教室的时空限制。在时间上，一项任务或一个课题，可以一节课或一天完成，也可以一周、一个月甚至一个学期完成；在空间上，可以在教室内，但更多的是走出教室，到更广阔的天地里去学习。

第四，形式的实践性。小学语文综合性学习主要是在观察自然与社会、参与社会活动等实践过程中学习，语文的学习与运用是在实践活动中进行的。

第五，主体的自主性。小学语文综合性学习与一般的课堂教学相比，更加注重学生的主体性，活动主题或学习任务的确定、学习计划或方案的制订、学习方法的选择、过程的实施与总结交流等，都应体现学生的自主性。当然教师的指导是必不可少的。

第六，人员的合作性。小学语文综合性学习需要个人努力，但更关注学生的合作，注意学习过程的合作，注意结果的共享与交流。

第七，方式的探究性。小学语文综合性学习注重采用探究性学习方式，尽量由学生提出任务或问题，运用科学合理的方法，通过一定的努力去完成任务或解决问题。

第八，重点的语文性。语文综合性学习首先是语文的学习。小学语文综合性学习虽然要求注意语文课程与其他课程的沟通，强调在各种活动中进行，但学习与运用语文、全面提高学生的语文素养才其最根本的目标。读写听说能力的整体发展是语文综合性学习的学科立场和核心特征。

（二）小学语文综合性学习的意义

第一，小学语文课程设置"综合性学习"具有多方面的意义，它使小学语文教育的价值功能有可能充分发挥。

第二，综合性学习的意义有四个方面：①推动语文教学改革的发展；②拓展学生语文学习的空间；③促进学生多元智能的发展；④促进学生综合运用能力、探究能力的提高。

第三，在小学语文综合性学习的理念下，至少在四个方面发生了质的变化：语文课堂变大了；学生的修养更全面了；真正实现了语文学习的"学以致用"；真正践行了"合作"的理念。

综上所述，小学语文综合性学习的意义是多方面的，可以从不同的方面或角度进行理解。小学语文综合性学习对于建设开放而有活力的语文课堂，对于促进语文教学改革，特别是促进学生学习方式的转变，对于全面提高学生的语文素养等，都具有重要意义。

（三）小学语文综合性学习的类型

小学语文综合性学习的类型是多种多样的。不同类型的综合性学习显然有各自不同的特点，在指导上应该采取不同的方法。因此，厘清小学语文综合性学习的类型是十分必要的。当然对其分类也是一项复杂的工作，并没有统一的标准与结论。在分类依据或角度中，按照设计主体、主题来源、综合程度、活动形式来分类，对于理清综合性学习的思路显得特别重要。以下从这四个角度对小学语文综合性学习略做分类梳理。

1. 依据设计主体进行分类

"设计主体"，即综合性学习的要求或题目是由谁设计或提供的。这在倪文锦主编的《小学语文新课程教学法》里被称作"设计主体"，而在尚继武主编的《新课程背景下的小学语文学与教》里被称作"学习主题的来源"。他们分别将小学语文综合性学习分为"教材本位""教师本位""学生本位"的综合性学习设计，或"主题源自教材""主题源自教师""主题源自小学生"的综合性学习。他们的说法有区别，但内容是一致的，其三种综合性学习的设计者都分别是教材（即教材编者）、教师、学生。

（1）教材中设计的"综合性学习"：一种是结合一般的课文学习或语文知识和听说读写训练而进行的综合性学习；另一种是专门编排的"综合性学习"项目，这两种形态的学习的关系，类似于人们通常所说的作文训练中的"小练笔"与"大作文"，或口语交际训练中的"小口语交际"与"大口语交际"等的关系，因此，可以把教材中专门设计的"综合性学习"项目叫作"大综合性学习"。

（2）教师设计的"综合性学习"。这类综合性学习，是指教师在领会并落实好语文教科书中设计的综合性学习的基础上，根据教学或学生发展的需要而选择或设计的综合性学习。

（3）学生设计的"综合性学习"。这类综合性学习，是指学生自行设计的综合性学习。

2. 依据主题来源进行分类

综合性学习的主题，即综合性学习所围绕的主要问题或内容；主题来源是指获取主题的知识领域或活动范围等，此种分类在许多材料中观点相差无几，但所分的类别也不完全一致。小学语文综合性学习的主题来源于学生学习、生活涉及的方方面面，主要有以下方面：

（1）源于语文教材，如课文内容涉及的问题、课文的表达特色、相关语文知识、作者及相关作品、文史知识等。

（2）源于学习活动，如学习方法、学习活动的探讨、尝试与启示等。

（3）源于日常生活，如生活的启示、生活中的问题等。

（4）源于自然或社会现象，如对自然与社会的观察、自然与社会现象的启示等。

（5）源于各科知识、各种信息资源，如从各科学习与课外阅读中发现问题、解决问题等。

3. 依据综合程度进行分类

综合性学习最重要的内涵是学习内容，特别是知识与能力的综合，但其综合程度是有区别的。可以按其综合程度分为以下类型：

（1）突出语文单项知识或能力的学习活动。这类活动往往是为了字词句篇或听说读写某项知识的巩固、技能的形成或兴趣的培养而开展的。

（2）语文知识、能力综合性训练活动。这类学习活动不只是突出语文知识能力的某一项，而是在活动中尽量使学生语文知识能力的多个方面获得提高。例如，办手抄报、举办语文竞赛周、编演课本剧等。

（3）语文与其他学科知识综合性实践活动。这类活动主要是把语文知识、能力运用到生活或其他学科的学习、活动中去，在日常生活、社会活动或某些学习研究活动中学习语文，运用语文、体现与提高语文素养。这是语文综合性学习所应努力追求的层次。

4. 依据学习活动的形式进行分类

有关教材或论著中对综合性学习的分类，大都涉及按学习活动的形式或方式进行，但其所分的类别及名称是不尽相同的。

综合性学习注重目标、形式等的综合，其活动形式应该是多种学习方式的组合，其组合形式当然是多种多样的。因此，对综合性学习方式的分类出现不同的意见是不足为奇的。当然，就具体的一次综合性学习项目或活动来说，必然有一种主要的学习方式。可以按照所采用的最主要的学习方式对综合性学习进行分类。

（1）观察性学习，即引导学生对自然、社会进行观察和思考，并把观察结果口头或书面表达出来的学习活动。

（2）体验性学习，即引导学生设计、组织、参与某一活动，在活动中巩固、运用或获取语文知识，增长能力，提高语文综合素养的学习活动。例如，参加各种趣味语文活动；组织策划、参与校内外参观、访问、考察及社区服务等活动，在活动中学写计划与总结，表达见闻与想法等。

（3）探究性学习，即提出某一问题，围绕解决这一问题而开展的学习活动。例如，提出生活中的某个问题，通过查找资料或实验找到答案或解决办法，写出报告或研究结果，交流或表达研究成果等。

（四）小学语文综合性学习的阶段

小学语文综合性学习的类型多种多样，其学习或指导过程也一定是多种多样的。当然，综合性学习的指导过程也一定有一些共同规律，掌握这些规律显然是十分必要的。综合性学习的实施过程与教师或专家的认识是密切相关的；只要大体程序合理，具体环节或步骤的划分或名称可以各有特色。就一次完整的小学语文综合性学习的指导来说，一般应依次做好如下四个阶段的工作：准备—启动—展开—总结。以下对各阶段应该注意的问题进行探讨：

1. 小学语文综合性学习的准备阶段

综合性学习的指导，与所有教学活动一样，都需要教师的精心准备。综合性学习的教学实施更需要教师的认真准备与设计，有两项工作特别重要：一是宏观设计；二是具体设计。

（1）宏观设计。在小学语文综合性学习的分类中提到，按"设计主体"，综合性学习的要求或题目可分为教科书中的设计、教师设计及学生设计三类。其实，教科书中的综合性学习设计也需要教师根据实际进行选用或改编，学生的设计当然更需要教师提前进行规划，因此，教师在综合性学习的设计中起着最关键的作用。像其他内容的教学一样，教师应该熟悉全套教材综合性学习的编排体系，在每个学期开学前，结合课程标准、教材内容、学校活动安排、学生实际情况及有关资源与环境条件等，整体规划学生的综合性学习主题与大体时间安排等。当然，当具体实施的时候，还应注意根据情况的变化，灵活调整或修改综合性学习的题目。

（2）具体设计。每次综合性学习具体实施前，教师必须进行具体的设计，写出可行的指导方案（教案）。综合性学习的指导方案（教案），大体结构与其他内容的教案差不多，每部分的标题可略有不同，可包括如下部分：活动主题或题目、活动要求说明、学情分析、活动目标、活动重难点、活动方式、活动准备、活动时间、活动过程等。

2. 小学语文综合性学习的启动阶段

启动阶段即学生综合性学习的起始阶段，这一阶段的意图是：导出活动主题，激发学生兴趣，明确活动目标，设计活动方案。可按以下三个阶段进行：

（1）导入激趣。学习研究的内容或开展的活动，都应该引起学生的注意与兴趣。综合性学习主题的导出，可以从有趣的故事或谈话开始，也可以说明其目的与意义等，这样才能使学生以积极的心态投入到学习中去。

（2）明确目标。引导学生明确给定的综合性学习的要求，或自主选择、确定学习研究的问题或活动主题。教师对学生提出的问题要充分肯定、热情鼓励，要尊重学生的选择。

（3）设计方案。引导学生设计完成任务的具体方案，重点规划好任务分工、步骤方法等。可形成书面的活动方案，其主要内容可包括：活动主题或课题；活动目标或任务；活动时间、地点；活动步骤；任务分工；成果形式等。

3. 小学语文综合性学习的展开阶段

展开阶段是综合性学习的具体实施阶段，这一阶段的意图是：根据本次综合性学习方案，开展具体的实践探究或学习体验活动。这一阶段的时间、地点都是开放的，要打破传统课堂的时空限制，地点不限于学校内、课堂内，时间可以是几节课、几天甚至几个月。有的教材把这一阶段的主要学习活动归纳为：观察（自然现象、社会现象）、搜集（学习资料、信息资源）、记录（观察所得、学习心得）、整理（对积累的材料进行归档、分析、概括、综合，等等）、反思（对学习过程、收获、结果的反省认识，以及自我评价和对行动方式加以改善，等等）、表达（选择合适的形式"叙述"学习成果、表征学习成果）。对于观察性学习，主要是观察并记录整理观察所得；对于问题探究性学习，主要是利用图书、网络、实验、调查、访问等渠道或方法获取信息，寻求答案，尝试写研究报告等；对于活动或实践体验性学习，主要是具体开展活动，学写活动总结或表达活动见闻与想法等。

小学语文综合性学习的展开阶段以学生的自主活动为主，但教师不应完全撒手不管。教师应了解与关注学生的学习情况，适时督促与指导。要特别关注弱势学生，鼓励他们积极参与，大胆实践，促使每个学生都有收获。

4. 小学语文综合性学习的总结阶段

总结阶段是综合性学习不可缺少的重要阶段。这一阶段的主要意图是，交流共享，提升学习效果，可按以下步骤进行：

（1）汇报展示。让各小组汇报学习研究情况，展示学习研究成果，以实现成果共享、相互启发。

（2）评比反思。评比反思主要有两个方面：①成果评比。鼓励学生对别人或其他小组的成果进行评价，以实现相互帮助、相互促进。②自我反思。鼓励学生谈自己的收获与不足，以学会反思和提升能力。

（3）总结延伸。总结延伸即教师对本次综合性学习的情况进行整体梳理、总结，布置延伸作业，巩固提升学习效果。

二、小学语文综合性学习教学中传统文化的渗透

（一）挖掘传统文化的精髓

小学语文教材中蕴含着丰富的文化内涵，能够使学生在学习过程中实现文化积累，更好地体悟传统文化思想的精髓，培养良好的道德品质，树立正确的价值观念。基于此，教师需要深入挖掘小学语文教材，并进行一定的拓展，使其成为学生参与综合性学习的素材，引领学生从多个角度学习，真正让传统文化丰富学生的生活，实现学生的个性化发展。

例如，在进行传统节日的相关教学中，教师可以组织学生在课余时间搜集相关资料，让他们在亲自感知中体会传统文化。在布置了这样的教学任务后，教师可将学生划分不同的学习小组，组织分组进行相关资料的搜集，了解传统节日的由来，搜集与传统节日相关的人物故事，利用网络、书籍等多种方式进行资料的查询，也要了解传统节日的特色美食、本地的文娱活动等。教师还可以要求学生以小组为单位，以各种自己喜爱的形式进行调查结果汇报。通过小组合作的方式组织学生运用多种资源了解不同的传统文化，能促使学生在学习中充分感知中华文化，体会丰富的节日文化及其内涵。同时，因传统文化与学生的现实生活有着密切联系，这样的教学方式能够使学生深度解读文化、美德等，在相互交流中实现传统文化的内化，并通过自己的行为将优秀的文化品质表现出来，提高学生的个人素养。

（二）营造良好的教学氛围

环境对于年龄不大、心智尚未完全成熟的小学生有着较大的影响力。"孟母三迁"也证实了环境的重要作用。因此，在小学语文综合性学习中，教师应注重文化氛围的构建，使学生在富有文化底蕴的环境中学习与生活。教师可建立传统文化墙，可以通过不同的方式在墙壁上粘贴各种类型的文化知识。例如，古诗词、传统文化小故事等；也可为学生预

留一定的空间，使学生参与到文化墙的建设中，有效调动学生学习的积极性。

（三）联系日常生活教学

当前，小学语文课程的开展需要落实到现实生活中，教师应构建开放且富有活力的课堂，满足不同地区学生的学习需要。为有效构建综合性学习课堂，教师要从生活着手，将教学内容与本土文化相联系，积极开发与本土文化相关的教育资源，使得综合性学习更具亲和力，提升学生的学习质量。

例如，在进行有关"春节"的教学时，教师可结合教学内容与学生的现实生活进行综合性学习活动的构建，引领学生在具体活动中感知中华民族优秀传统文化的魅力。教师可组织学生开展以设计春节饰品为主题的活动，先引导学生向家长、网络等求助，查询与春节相应习俗有关的材料，并在家长的带领下亲自前往小饰品商店，观看并了解有关饰品的制作方法。在活动的开展中，教师可将制作同种类型饰品学生划分为一组，使其自主开展饰品的制作，当遇到无法解决的难题时可以互相沟通，进而有效处理。若是学生选择制作的饰品难度较大，可由小组共同制作一件饰品。同时，要求学生写出饰品的设计说明。另外，在饰品成功制作后，教师应提醒学生将自己制作的饰品带回家，装饰自己的家。这样的活动能够使学生真正了解春节文化，通过相关文化明确设计理念，并将自己的想法付诸现实，让学生在充满趣味的学习中实现传统文化的有效渗透。

（四）课堂组织趣味教学

小学生的年龄较小，喜欢富有趣味的教学活动。基于此，教师需要结合学生的特点分析，创设形式多样的文化活动，使学生在活动中更为深入地感知传统文化的精髓，提升文化素养。

例如，在进行有关植物的学习时，以竹为例，教师可以组织共赏翠竹的活动，使学生充分挖掘学习资源，了解以及感知竹文化，体会竹子在现实生活中的广泛应用，增强学生解决实际问题的能力。在活动的开展中，学生需要围绕着竹参与富有趣味的竞赛。教师可依据学生的个人能力将其划分成四个小组，分别是考察员、小博士、小巧匠、文艺人，为他们布置不同的竞赛任务，看看谁完成任务用时最快。在"考察员"小组，需要学生对竹子的生长、种类等知识进行调查，"小博士"小组，需要从生活着手，对竹子在饮食、住宅、交通等方面的实际应用展开探析；"小巧匠"小组，要求主动搜集身边出现的各类竹制品，并尝试制作一件简单的竹工艺品；"文艺人"小组，要求针对"竹"这一主题搜集画作、诗词等艺术作品。

前述竞赛活动的开展，可以使学生充分了解竹子坚韧不拔与刚正不阿的精神，并主动学习竹子的精神。另外，为了深化学生的理解，教师还可以组织多样的竞赛活动。例如，朗诵与竹子相关的诗词；将与竹子有关的知识制作为竞赛卡片，悬挂于班级的各个角落，引领学生抢答等。趣味活动能够全面调动学生的积极性，不仅能使学生牢记与竹子相关的知识，也能促使他们真正领悟竹子代表的精神，在主动学习中加深自己的文化底蕴。

（五）鼓励学生课外阅读

语文教师作为教学主体，要充分发挥自身在教学中的指导作用，鼓励学生进行课外阅读。大量的阅读，不但能够开阔学生的视野，而且还有助于学生积累丰富的素材。更主要的是，课外阅读中蕴含着丰富的传统文化元素，学生通过大量的课外阅读，能够汲取传统文化的精髓，这对于强化对学生的文化教育具有重要意义。在这个过程中，教师要注重激发学生的兴趣，放松学生的学习心态，在语文教学中进行传统文化的渗透。因此，教师要注重鼓励学生进行课外阅读，培养学生养成良好的阅读习惯，并且结合生活实际进行教学，加深学生对传统文化的理解与掌握，进而提高学生的传统文化素养。

"综合性学习是新时期倡导的新型教学模式，不仅可引领学生在学习中获得知识与能力的同步发展，也能锻炼学生各方面的能力，还能够推动教育事业的不断发展。在实际开展的小学语文综合性学习中，教师要深入挖掘传统文化，联系小学生的喜好、能力等，设计富有特色的实践活动，将学生参与活动的主动性激发出来，使学生在积极学习中实现传统文化的有效渗透，引领小学生获得知识、思想、能力等共同发展，提升其综合素养。"①

① 郑玉宝. 传统文化特色在小学语文综合性学习中的渗透 ［J］. 天津教育，2021（36）：2.

小学语文教学与传统文化的融合研究

第四章 小学语文阅读教学与传统文化的融合

第一节 小学语文阅读教学的原则与思考

一、小学语文阅读教学的原则

(一)重视学生独特的理解、体验与感悟

《学记》① 中说："虽有嘉肴，弗食，不知其旨也；虽有至道，弗学，不知其善也。"理解内容、体会感情、领悟语文知识与读写方法，培养阅读能力，这是阅读教学的主要任务或目标，这些任务或目标的完成或达成，需要小学语文教师的引导，更需要学生积极主动地实践。课文的内容、课文所蕴含的情感等，不能由教师直接教给学生，教师应该创设环境和条件，引导学生自己入情入境地去体验、感悟与发现。坚持这一原则，应特别注意做好以下两个方面：

第一，引导学生积极思维。阅读教学要善于抓住语言文字引导学生积极思考，理解其意思、作用等，在理解语言文字的同时发展思维。当然阅读教学中的思维训练应把握它的度，引领学生语言学习与思维训练要有机结合，不能"零思考"——不给学生思考的机会，或"浅思考"——给思考机会却浅尝辄止，也不能"另类思考"。

第二，引导学生积极体验。体验是指由身体性活动与直接经验而产生的感情和意识。体验性第一表现为"强调身体性参与"；第二表现为"重视直接经验"。语文丰富的人文内涵、思想感情不是靠说教或单纯的理性分析就能使学生接受的，它需要学生感同身受地去体验；其实任何知识的学习都是在一定经验基础之上进行的，都与亲身体验有密切关系。语感的培养更离不开积极的体验。因此，阅读教学要注意创设情境或唤起学生的经验，引导学生入情入境地去体验学习的内容。

---

① 《学记》是中国古代一篇教育论文，选自于古代中国典章制度专著《礼记》，是世界历史上最早的专门论述教育和教学问题的文献。

（二）重视语言、语感及语用的相关能力

语感是指语言文字正确、敏锐、丰富的感受力，是指语言文字引起的复杂的心理活动和认知活动的过程。语感应该建立在一定的语言感性积累基础之上。语言学认为，理解的语汇只是消极语汇，只有记住并能运用的语汇才是积极语汇。当然，阅读中理解的读写方法，也只有通过运用才能转化为自己的读写能力。语感与语用能力的培养应特别重视以下两方面工作：

第一，重视朗读、背诵等指导。朗读，既是阅读教学的目标，也是体会感情的重要手段。熟读成诵是为前人所证明的积累语言和培养语感的有效方法。因此，阅读教学必须重视朗读与背诵的指导。要给学生朗读与背诵的时间，要对朗读与背诵进行必要的检查与考核。

第二，重视读写结合，听说读写综合训练。在阅读中，当学生对读物有了一些新的理解之后，就会产生一种表述自己内心感受的愿望。阅读表达是读者能动地消化知识、逐步积累知识的手段，它能使阅读认识得到加深，可以提高阅读感知和阅读理解的效果，并使口头语言和书面语言的表达能力得到提高与发展。因此，阅读教学不能仅仅满足于学生对课文内容或表达形式的理解、感悟与记忆，而且应该促使学生把优美的课文或词、句、段，转化为"积极语汇"，转化成自己的语言。除了重视背诵积累外，教师还要鼓励学生在生活中、在书面表达中积极运用所学语言，注意通过拓展阅读与仿写训练等把学到的读写方法转化为读写能力。

（三）重视学生的阅读兴趣与自学能力

广泛的阅读兴趣与独立的阅读能力是阅读教学的最终追求。培养广泛的阅读兴趣与独立的阅读能力，当然需要教师对课文的解读引导，但更应该注意以下两个方面：

第一，课文的学习要尽量从整体感知和自学开始。阅读教学应先给学生提供自学的机会，让学生整体感知课文，并试图发现问题、解决问题。这样做具有三方面的意义：①符合"从整体到部分"的规律。学生有了对课文的初步的整体印象，有利于对具体词句、具体内容的理解。②有利于培养学生的自学能力和发现问题的能力。无论布鲁纳的发现法、黎世法的异步教学，还是"先学后教，当堂训练"的教学经验等，都注重学生的自学和发现，都是从学生的自学开始的。让学生从自学开始，符合科学的学习方法的要求，有利于学生自学能力和发现问题能力的培养。③有利于教师有的放矢地施教，提高教学效率。教师在学生自学的基础上再进行引导，有的放矢，有利于调动学生的积极性，提高教学效率。

第二，要注意拓展阅读。课文当然大都是经过教材编者精心挑选的文质兼美的作品，

学习阅读离不开对课文的研读。但阅读教学不应局限于课文的学习，"人文内涵"需要学生感悟，需要学生具有一定的阅读经验，阅读能力的形成需要大量的阅读实践。一篇带多篇、一本带一本甚至带多本、以精读带博读、群文阅读等，其实许多名师已在培养阅读兴趣与独立阅读能力方面创造了丰富的经验。

二、小学语文阅读教学的思考

小学语文阅读教学的方式不应当只局限在某一面，教师不应只是专注于课堂教学，而应扩大教学范围，将课外阅读与课堂教学联系起来。一位优秀的小学语文教师不应该只是教学生阅读什么类型的书，而是要教学生如何养成良好的阅读能力。

第一，帮助学生感受阅读的趣味。兴趣是最好的老师，如果学生以兴趣为前提进行学习，就会具有强烈的自发性、自觉性和主动性。教师应该以此为出发点，让学生真正享受读书。教师可以通过设计多种有趣的教学方式指导学生，如讲故事。当然，也可以在教学时为学生创设一个场景，让学生沉浸其中。无论采用哪种教学方法，都应重视对学生的理解，让他们享受阅读的过程，这样会使阅读变得非常有趣。

第二，活跃的课堂气氛。良好的氛围在小学语文阅读课中非常重要。如果处在毫无生气的教室氛围中，学生不能对阅读产生兴趣。良好的氛围肯定是学生踊跃发言的，学生在阅读以后，应该提出自己的阅读思考，然后和教师一起深入交流讨论。学生在这样的课堂上阅读学习，能读懂每篇文章背后的含义，真正做到有效阅读。

第三，教师和学生一起阅读，沉浸在阅读的美好快乐中。教师应该提倡学生自由阅读，但并不意味着教师让学生独自一人学习。读书时，教师应该有指导责任，应与学生一起阅读，并享受阅读的乐趣。在阅读过程中，教师应以平等的身份和学生一起阅读，使学生可以感到友善，师生像朋友一样一起阅读、交流和学习。

第四，师生合作以提高阅读技能。在传统教学法中，教师先提出问题，之后学生在阅读过程中带着教师的问题，没有自己的思考。学生完全被教师的思想所引导，在这种教育模式下，教师一直占据主导地位。但是，现代教育应该以学生为基础，在小学语文阅读过程中，教师应该引导学生主动思考而不是代替思考。在教学过程中，学生应能在阅读过程中识别课文内容，集中阅读课文，并在教师的指导下学习主要段落。教师应引导学生脱离课文，拓宽思维，帮助学生提高阅读能力。

第五，说话的艺术。阅读是说话艺术的一种表现形式，最基本的要求是教师在阅读教育中具有语言解释能力。一般而言，尽管用相同的教学方法，但通过不同的语言表述，教学成果也是不一样的。在小学语文阅读教育中，教师必须使用自己的理解向学生传达知识，并让学生能够学懂这些知识。在阅读教育中，无论教师是引导学生思考，还是向学生复述知识，语言都应生动活泼，具有超凡的魅力。教师的语言是为了激发学生的兴趣，吸引学生的注意力，为他们提供语言美的艺术，使他们能够模仿教师的语言并在不知不觉中学习教师的语言。

在教学过程中，语文教师应该有独特的语言风格，只有这样，教师的教学才能吸引学生的注意力，激发学生的学习的兴趣。教师的语言风格可以是机智的、幽默的、生动的、形象的、冷静和客观的叙述。选择哪种语言取决于教师的个人喜好。一般而言，有自己语言艺术风格的语文教师对学生语言能力的发展影响较大。语文教师需要训练自己的语言风格，关注自己的语音艺术，并使用自己的语言艺术进行教学，使学生对阅读产生兴趣，从而积极参与阅读，享受阅读的乐趣。

第二节　小学语文阅读教学的方法与过程

一、小学语文阅读教学的方法

"阅读是获取信息、丰富知识的重要手段，在小学语文教学中，阅读教学占据重要的教学地位，培养学生的阅读能力也是小学语文教学的重点。"[1] 小学阅读教学的方法是一个复杂的系统。在不同的教材中，所讨论的阅读教学方法是不尽相同的——其内涵与外延都不完全一致。所谓阅读教学的方法，可以指阅读教学课堂结构设计的各种类型——较宏观（或中观）的教学方法，也可以指课文不同层次内容的学习或指导方法，还可以指不同阅读活动的指导方法、不同教学环节完成特殊教学任务的方法。较宏观（或中观）的教学方法，即各种阅读教学课堂结构模式，前面已介绍过。下面仅探讨课文不同层次内容（词、句、段、篇）、不同阅读活动与不同教学步骤的教学方法。

（一）小学语文不同层次内容的教学方法

不同层次内容主要是指词、句、段、篇的教学方法。

1. 小学语文词语的教学方法

词是最小的语言单位，理解词语是理解全文的基础，因此，词语教学是阅读教学的重要内容。

（1）明确需要教学的词语与教学时机。课文中需要引导学生理解和掌握的词语应根据课文与学生实际精心分析确定。一般而言，应重视如下类型词语的教学：口语中不常用、

---

① 甄世燕. 小学语文阅读教学策略探析［J］. 学周刊，2022，14（14）：100.

较难理解的词语；易用错的词语；表现中心的关键词语；富有表现力、用得贴切的词语。词语教学要注意时机。一般而言，对于那些足以妨碍对课文理解的词语，应在阅读前的准备工作中讲解。如课文中主要人物的名字、主要地名、现代语言已不使用的某些词语、专有名词和科学术语，以及一些必须懂得才能理解作品情节的词语。有些词语离开课文不易讲解清楚，可放在分析课文的过程中去讲解。有些词语小学生已初步理解但还需要进一步巩固或加深理解的，可放在阅读之后来分析。带有生字的词语可在初读课文阶段教学；由熟字组成的新词或表现中心的重点词语宜结合课文讲读进行教学；含义深刻的词语总结时要注意强化。

（2）注意词语理解的层次与步骤。词语理解有不同的层次与步骤。可以将阅读心理过程分为四个逐步深入的层次：字面的理解；解释；批判性阅读；创造性阅读。我国在学段教学目标中，对不同学段的词句教学也提出了不同要求，体现了对词语理解的层次性，第一、二、三学段逐步提出的要求包括：①结合上下文和生活实际理解课文中词句的意思；②联系上下文，理解词句的意思，体会课文中关键词句表达情意的作用。能借助字典、词典和生活积累，理解生词的意义。③能联系上下文和自己的积累，推想课文中有关词句的意思，辨别词语的感情色彩，体会其表达效果。

（3）选择词语理解的合适方法。词语的教学方法很多。就教的方法来说，可以采用的方法有语言描述（讲解）、提供直观（实物、模像——注意利用插图）、引导联想（联系上下文、联系生活实际、换位思考）、示范表演等。就学法而言可以采用的方法有说一说（字源，词义，举例，联系生活实际，联系上下文）、查一查（字词典）、画一画、做一做、演一演、换一换、比一比（词义比较，新旧联系）、找一找（某个或某类词）、分一分（归类）、用一用（用词造句，概括与复述）等。

（4）注意词语的巩固积累与运用。前述的说一说（字源，词义，举例，联系生活实际，联系上下文）、画一画、做一做、演一演、换一换、比一比（词义比较，新旧联系）、找一找（某个或某类词）、分一分（归类）、用一用（用词造句，概括与复述）等词语学习方法，既可检验和促进学生对词语的理解，也可促进学生对词语的巩固、积累与运用，因此，也是词语巩固、积累与运用的好方法。另外，在词语巩固积累与运用中还要注意培养与激发学生的兴趣，例如，可以结合词语教学介绍一些古今中外名家炼词的故事，举办游戏与竞赛活动等。

2. 小学语文句子的教学方法

句子是语言运用的基本单位，它由词、短语或词组构成，能表达一个完整的意思。理解句子，是理解段与篇的基础。因此，句子教学是阅读教学的重要内容。阅读教学中的句子教学应注意以下四方面：

（1）明确需要教学的句子。阅读教学中应重点抓住一些句子引导学生研讨：中心句或含义深刻的句子；对表现中心作用较大的句子；内容距学生生活较远、较陌生的句子；结构复杂的句子；生动形象或表现力强的句子。

（2）注意理解的层次与步骤。像词语的理解一样，句子的理解也有不同层次的要求。就小学高年级句子理解而言，一般也应该从低层次到高层次经历三个步骤：字面理解—理解含义—体会效果。

（3）采用合适的教学方法。理解句子有多种方法。例如，从理解字词着手；了解时代背景；联系生活实际；结合上下文；直观演示；缩句；改变句式等。句子理解还要注意朗读，句子的情感与特殊意味只有通过朗读才能体会出来。

（4）重视句子的积累与训练。在小学阅读教学过程（特别在练习积累环节）中，要注意加强各种句式的训练。常见的句子练习方式有：背诵、抄写典型的句子；仿写、补全、扩句、缩句、改写句子；加标点、加关联词语、修改病句等。

3. 小学语文自然段的教学方法

文章的段落分为自然段（小段或小节）和意义段（逻辑段或结构段）。这里的段指的是自然段。自然段是文章中表达意思的基本单位，它有明显的"换行空格"的标志。理解自然段是理解意义段与理解篇章的基础，因此，阅读教学中必须重视自然段的教学。自然段的教学应注意以下三方面：

（1）尽早让学生认识自然段。小学低年级还掌握不了段与篇的概念，但低年级已开始了一篇篇课文的学习，当然也看到了成篇的文章中有一个个自然段的现象。让小学生知道这样（具有自然段的标志）的一段文字叫一个自然段并不难；让学生知道一个自然段表达的往往是与相邻的自然段不同的人物、时间、地点、意思等，也是有利于对课文每个部分与整体内容的理解的。因此，低年级的阅读教学就可以让学生数一数课文有几个自然段，也可以启发学生通过不同的自然段了解课文中讲到了哪几个人物、时间、地点、意思等。

（2）指导学生理解自然段。自然段教学的重点是指导学生理解句与句之间的关系和概括自然段的意思。具体操作步骤可以是：①让学生看一看有几句话；②理解每句话的意思；③理清各句话或段内层次之间的关系（如总分、承接、并列、因果、对比等，要注意适时归类）；④概括自然段的主要意思。当然，后两步主要是对中年级学生提出的要求。

概括自然段的主要意思要提示学生先看有无中心句、总起句、总结句、过渡句等，如果有，这样的句子的意思一般就是自然段的意思。如果没有这样的句子，就要根据以下一般规律去找重点句：①因果关系的几句话中，表示结果的句子一般就是重点句；②递进关系的几句话中，最后的句子一般就是重点句；③对比关系的几句话中，被衬托的句子一般就是重点句。找到了重点句，也就抓住了自然段的段意。如果自然段中每句话之间是并列关系，就要看它们同属于怎样的内容，从而归纳出自然段的意思。归纳表述自然段的意思，可以用段中的语句，也要注意鼓励学生用自己的话来表述。

（3）重视自然段的朗读与背诵训练。与句子相同，自然段的情感与特殊意味也只有通过朗读才能体会出来；精彩段落的背诵是积累语言、学习写作的有效途径与手段。因此，自然段的教学不宜过多分析，而应特别注重朗读与背诵的指导。当然也可以进行仿写的训练。

4. 小学语文"篇"的教学方法

篇与段有密切联系。所谓篇的教学内容主要包括：给课文分段（理清课文条理或结构），归纳段落大意，概括课文的主要内容，概括课文的中心思想，体会课文的思想感情等。

（1）给课文分段。分段就是指把文章划分成意思比较完整、相对独立但又具有某种逻辑联系的几个部分。指导学生分段是阅读教学的一个难点。分段有助于理清作者的思路与文章的层次结构，加深对文章内容的理解，还有助于学生逻辑思维能力的训练。因此，小学中高年级的阅读教学中，应该尽量以学生能够接受的方式逐步指导学生学习分段。因此，在有关小学语文教学的论著中还是较为容易找到有关分段教学的内容的。

指导分段要注意循序渐进，要注意鼓励学生求异、求佳，要注重实践。指导学生分段要注意逐步教给学生分段的方法。分段是一个复杂的思维过程，它需要在了解各自然段内容的基础上，站在整篇的角度看出各自然段之间的联系与区别，从而把整篇划分为几个意义段（或结构段）。

分段有一定规律，但真正掌握分段的规律与方法确实有一定难度。其实，分段不是阅读的目的，分段主要是为了理清课文内容之间的关系，抓住要点，全面理解课文；只要理解了课文内容之间的关系，形式上的段落分得粗糙一点或细一点（意义段），甚至有些段落的分界点到底在那个地方（特别是叙事的课文）都是次要的。

（2）概括段落大意。概括段落大意，就是在理解段内各自然段的内容以及它们之间关系的基础上，对整个段的内容进行归纳概括的过程，它几乎与分段同时进行。指导学生概括段落大意要鼓励学生实践，要指导学生逐步掌握概括段落大意的规律与方法。分段要在理解段内各自然段内容及关系的基础上进行。各自然段之间的关系，与自然段内句子或层次之间的关系一样，不外乎总分、承接、并列、因果、对比等关系。明确了各自然段之间的关系，一般也就可以确定段意所在的自然段或部分，段意也就不难归纳了。一般而言，总分关系的内容，段意在"总"的部分；因果关系的内容，段意在表示结果的部分；递进或承接关系的内容，段意在最后的部分；对比关系的内容，段意在被衬托的部分；如果各自然段或部分之间是并列关系，就要看它们同属于一个怎样的内容，从而归纳出段意。段

意的表述，可以用段中的语句（摘句法），也要注意鼓励学生用自己的话来概括表述，但语言要简练。

与概括段意或列提纲有关的还有一项训练是给各段加小标题。小标题所用语句，首先应该用课文里现成的；其次是另编。可以用词组，也可以用独词句、陈述句、疑问句或感叹句，原则上做标题的语句必须简单、明确、有概括性，低年级不宜做过高的概括，以免小学生理解困难。教师不能要求学生编的与教师拟定的一模一样，以免浪费教学时间。

（3）概括主要内容。概括主要内容，就是把文章的基本情节或要点用简洁的语言概括出来，它需要在理解各段内容及各段内容之间关系的基础上进行，它是进一步理解文章内涵、领会中心思想的基础。概括文章主要内容有助于理解能力与概括能力的提高。对于概括主要内容的方法，不难找到有关资料。如江洪春、李家栋、张献辉编著的《精编文章阅读分解新典》，结合例子介绍了概括课文主要内容的三点要求和七种具体方法，三点要求是：从课文的整体去把握，力求内容的完整；从课文的内容上去概括（是"主要意思"，而不是"中心思想"）；语言要做到简明扼要，但要防止过于简单。七种方法是：联结段意；归并要点；合并要素；提出问题；扩充重点段段意；借助课后问题；借助课题。不同类型课文主要内容的概括可以采用不同的方法，但概括主要内容的最基本要求却是一样的，其要点主要有两点，这就是内容要明白，语言要简洁。

（4）概括中心思想与体会思想感情。概括中心思想是在理解课文主要内容的基础上对课文更高层次的理解，是对作者写作意图的分析探究过程。进行概括中心思想的训练，可以提高学生的阅读水平和认识水平，以及分析问题的能力。小学课文的中心思想一般可以用下面的形式来表述：课文通过……（主要内容），表现了（或说明了、赞扬了、批评了、揭露了、表达了）……（道理、精神、现象、问题、感情等）。

中心思想在文章中的表现形式是不一样的。概括中心思想，要根据文章特点，采用不同的方法。从许多材料中可以找到概括中心思想的方法。例如，①开宗明义，一开头就提出中心思想；②篇末点题；③多次点题，反复强调；④主题由几个小论点或几个小意思构成；⑤文艺性作品（文中并不直接说出某种思想、感情、倾向等）；⑥中心思想更加隐蔽的（某些哲理诗、寓言、杂文等）；⑦中心思想与作者写作时的处境、心情，与时代背景有着密切关系。

从表达中心的方式上来分，课文其实可分两类：一类是明确表达中心的课文（通过标题或文中人物的语言、作者议论或抒情的语句等点明或透露中心）；另一类是中心暗含在内容背后的课文。概括中心思想的具体方法有两种：一是找中心语句法，即从标题或文中人物的语言、作者议论或抒情的内容中寻找表达中心的语句，找到中心语句，也就明确了课文的中心；二是推想作者写作意图法，即结合课文内容、写作背景等，推想作者的写作意图。

引导学生概括中心思想，一方面教师本身要掌握并运用概括中心思想的规律与方法，引导学生理清文章思路，抓住中心语句，联系写作背景与作者信息等，由表及里、由浅入深地对文章进行分析；另一方面，教师要注意引导学生总结概括中心思想的规律与方法，加强概括中心的训练，提高学生概括中心的能力，提高学生的认识水平。

教师要带领学生体会思想感情与概括中心思想有密切的联系，它们都是对课文内容阅读理解较高层次的要求。但它们又有区别，概括中心思想侧重于理性分析，注重理解、读懂；体会思想情感则侧重于情感体验，注重动心动情。体会思想感情的方法主要有：从关键词语中去体会；从重点句子去体会；从对人物的语言、动作、神情以及心理活动的描写中去体会；从对景物的描写中去体会；从标点符号中去体会。最重要的方法是培养学生在阅读的时候，把重心放到课文中去，设身处地地像作者那样去想，仿佛自己身临其境。教师还要启发学生联系自己的生活实际，使他们跟课文表达的思想感情产生共鸣。此外，有感情地朗读也是体会课文思想感情的重要方法。

（二）小学语文不同阅读活动的教学方法

阅读活动多种多样，如朗读、诵读、默读、精读、略读、速读、背诵、复述等，最基本的形式是朗读与默读。阅读的能力就是指朗读的能力和默读的能力。人们的日常生活中，大约90%的阅读都是默读。而在学习上，朗读是默读的基础，默读能力的养成是阅读教学的最终要求。背诵与复述是促进理解、积累语言、规范语言、学习表达的重要手段与有效形式，因此，阅读教学必须重视朗读、默读、背诵与复述的指导。

1. 小学语文朗读的教学

朗读与朗读指导应该先明确朗读的要求。朗读有四个方面的要求：要读得正确、要读得流利、要自觉地理解地读、要有表情地读。当前的语文课程标准提出的朗读要求是"正确、流利、有感情地朗读"。有感情地朗读是朗读的最高要求与难点。指导学生有感情地朗读要注意重音、停顿、语调、速度与节奏等技巧的训练，更应注意朗读兴趣的培养。如何激发学生朗读的兴趣，指导学生认真有效地朗读主要有以下五方面：

（1）要给学生充分的朗读机会。朗读兴趣与技能是在朗读的实践中逐渐形成的，阅读教学应该把朗读作为重要目标，给学生充分的朗读机会，让他们在朗读中感受阅读的乐趣，学会朗读。读是阅读教学里最重要的工作。读的活动可以贯串在各个教学环节当中。开始教时可以读，字词教学时可以读带有生字生词的句子，分段讲读时可以分段读，总结时可以全篇读，讲解某些修辞手法时可以把那些使用修辞手法的词语或句子挑出来读，讲解某些重要段或某些重要词语时也可以将其挑出来读等。

（2）朗读与理解内容、体会感情紧密结合。有感情朗读不是单纯运用技巧的问题，必须在深刻理解课文的基础上，领会作品的思想感情、人物性格，对其中的人物和事件有正确的态度，朗读才能有恰当的感情。学生只有理解了课文内容，入情入境，进入角色，才可能读出感情，才能享受朗读。因此，朗读教学应注意指导学生对朗读内容的理解，注意朗读与体会感情紧密结合。

（3）要注意变换朗读形式。单一的活动形式，往往会使学生失去兴趣。因此，朗读指导要注意变换朗读的形式，如自由读、指名读、齐读、"开火车"分段读、男女生轮读、分角色读等。需要注意的是，有感情朗读包括分角色朗读，应注意感情的自然流露，避免造作。分角色读应该和表演区别开，分角朗读，主要是读，不可依靠动作、表情把朗读变成表演。当然，表演也是理解课文内容、体会感情的很好方式，但与分角色朗读不是一个概念。

（4）要注意投其所好，正面引导。要多让学生读自己喜欢的部分，用自己喜欢的方式读；对学生的朗读要注意多肯定鼓励，多表扬；还要注意鼓励学生对自己或别人的朗读进行评价。

（5）要重视教师的范读。朗读方法与技巧的指导是必要的，但方法与技巧的指导要与教师的示范朗读相结合。模仿是小学生的天性，范读才是朗读指导最有效的方法。

2. 小学语文默读的教学

默读练习一般从第一学年第二学期开始。默读的要求是不出声，不指读，有一定的速度。小学高年级应能达到默读一般读物每分钟不少于 300 字。指导默读应注意以下四方面：

（1）任务带动。默读应明确任务，让学生边读边思考。有教材提出，默读作业的内容可有多个方面：准备回答教师口头或书面提出的问题；准备做详细的或扼要的复述；准备分析课文内容；准备指出人物的性格特征；准备挑选课文中的某些语句；准备进行有感情朗读；准备进行分段，编写段落大意或小标题、提纲。从中年级起还要指导学生在读书时学习圈点，边看书边圈点、批注，养成"不动笔墨不读书"的习惯。带着任务读，边读边画，学生的默读才能有效率，才能够专注地进行下去。

（2）控制动作。开始练习默读时可以允许学生用手指指着课文读，但要求闭上嘴，不出声；然后逐步要求学生不指读。

（3）轻声带读。刚开始学习默读时是有一定难度的，这时可以在教师的慢慢朗读之下，让学生看着书、跟着默读。

（4）限制时间。默读速度是考查默读的重要指标，因此，必须重视默读速度的训练。限制时间，即在规定的时间内按要求看完文字材料，是默读训练常用的方法。

小学语文教学与传统文化的融合研究

3. 小学语文背诵的教学

背诵是学习语文的重要途径与方法。指导学生背诵应特别注意以下两方面：

（1）重视背诵。要让学生认识到背诵的意义；阅读教学中，对于优美的文字，要指导学生欣赏并背诵；还要鼓励学生在课外阅读中自觉背诵和积累名段、名篇。

（2）教给学生科学的背诵方法。例如，要在理解的基础上背诵；要多种感官协同活动；整体与部分结合；过度背诵；及时复习等。

背诵还可以用吟诵的方法。只有吟诵才能还原诗、赋的活态。吟诗咏赋，曲水流觞，是为我国之文化。因此，吟诵之传习尤为重要，阅读教学中，对于古代诗词歌赋，也可以尝试吟诵的方法。

4. 小学语文复述的教学

目前的阅读教学中，复述这种学习形式似乎已被淡化。其实，复述是很重要的阅读学习方式。复述有助于发展学生的思维能力和口头表达能力，还可以提高学生的阅读兴趣。通过复述，教师可以了解学生对作品的理解程度。因此，复述在阅读教学中应该得到重视。复述有详细复述、简要复述和创造性复述三种形式。指导学生复述课文要注意以下两方面：

（1）由易到难。详细复述、简要复述和创造性复述三种复述形式的难度一个比一个大，应随着年级的升高逐步提出这三种复述的要求。一般而言，一年级只进行详细复述；二年级起除了详细复述外，还要进行简要复述和创造性复述。关于科学知识的文章可多做简要的复述。文学作品可多做创造性的复述。短文大都做整篇复述，篇幅很长的课文可挑选主要部分来复述。另外，详细复述多用于低、中年级，简要复述一般从高年级开始进行，创造性复述一般在高年级进行训练。

（2）给学生以具体的指导。要指导学生在理解课文内容的基础上进行复述；要注意指导学生理清课文思路，列出要点再复述；要求学生尽量用自己的语言复述，但要鼓励学生复述时使用课文中有特色的语言；复述时可以给学生做必要的词语或问题提示。

（三）小学语文不同教学步骤的教学方法

教学过程中每个环节、每个步骤都是为了达成某一层次的目标或完成某一特定的教学任务。达成这些不同层次的目标的方法显然是复杂多样的，但也一定是有规律的。下面按照阅读教学的一般过程，说明不同教学环节、步骤或不同层次教学任务的教学方法。

1. 导入激趣的教学方法

（1）导入的方法。在小学语文教学设计中导入的方法有许多，但导入新课应简单而有启发性。一般的导入方法当然也适用于阅读教学，阅读教学的导入当然也应简单而有启发性。

小学语文课程与教学论教材大多对阅读教学的导入方法有所论述。如，薛焕武、李树棠等编的《小学语文教学法》提出了"准备谈话"（即导入）的四种一般常用方式：联系旧课的谈话、联系生活实际的谈话、讲述理解课文所必须知道的事实、根据图画或插图谈话。教师应先引导学生重温与课文有关的知识，可由教师做些说明，也可观察实物、图片或放映幻灯片、录像、电影，丰富学生的感性知识，激发学生阅读兴趣。

阅读教学导入方法的选择要注意以下三方面：

第一，选择媒体时思路要开阔。学生的联想能力是很强的，因而能够创设情境的媒体实际上是很丰富的，只要与课文有点联系的事物，都可能营造出有利于学习的情境。教师在选择媒体时思路要开阔，或者考虑与文章背景有关的事物，或者考虑与作者有关的事物，或者考虑与文章内容有关的事物，或者考虑与文章的文体有关的文章。

第二，选择的媒体要尽量形象直观或是学生熟悉的。例如，展示实物、播放影视作品、出示图画、播放音乐、讲述有关知识资料；让学生回忆有关情景、体验，或谈一谈自己知道的有关知识等。让学生说一说自己所知道的有关知识，是最简便易行而又十分有益的——这对说的学生是一个鼓励，对听的学生也是一个鞭策，能够激励学生平时多积累，做学习的有心人。因此，这是一种有效的方法。

第三，导入要能引起学生的注意与兴趣。导入主要是为了引起学生的注意，创设与新课内容有关的学习情境，激发学生的学习兴趣。只要能达到这一目的，导入越简单越好。当然，为了激发学生的兴趣，适当"扯"得远一点，有时也会收到意想不到的效果。

（2）解题的方法。"解题"可以依次做四项工作：板题，读题，析字，设疑。

第一，"板题"，即板书课题。随着课题的导出，教师可以把课题写在黑板上，同时提醒学生注意教师的书写笔顺，可以提醒学生跟教师一起书写。漂亮的板题可以给学生或听课教师留下很好的第一印象。当然课题也可以让学生板书。

第二，"读题"，即让学生读一读课题。

第三，"析字"，即提示或分析题目中音、形、义、笔顺等方面需要特别注意的字。

第四，"设疑"，即引导学生就课题进行联想或猜测，激活有关知识，产生阅读期待。

2. 整体感知的教学方法

引导学生理解课文，应该从主动的整体感知开始。关于整体感知如何实施，可以利用阅读全篇作品和读后谈话的方法，即用良好的朗读使学生感知作品中的形象，一般由教师读。阅读篇幅不长、内容较浅显的作品，开始也可以让朗读技巧好的学生朗读。在第一次朗读作品的时候，最好让学生把书合起来，以免分散他们的注意。如果作品篇幅较长，如高年级的长课文，可由教师做简单介绍后再由学生默读，默读前可列出默读提纲，帮助学生掌握作品中的主要情节。

阅读全文后，教师可以根据课文中的主要人物和事件，提出几个主要问题引导学生思考和回答。这是从初读到分析作品的过渡阶段，问题提得太细，代替了作品的分析是不对的；而通过初步阅读，让学生感知课文内容的做法是可取的。但不一定要由教师读，已经有了前面的导入激趣，这一环节让学生尝试着自读更有利于培养学生的自学能力。教师可以采用提出问题让学生带着问题自学、讨论，最后检查质疑的方法。可以按以下两步进行：

（1）提出要求自学。自学的要求低年级一开始要由教师提出，以后逐步让学生记住并能自觉按要求自学。一般可提出以下自学要求：

第一，读文画字。读课文，画出生字、新词。

第二，自学生字。借助拼音或查字典读准字音；查词典或联系上下文想一想新词的意思；想办法记住生字字形。对生字能够读准字音，巧记字形，理解字义。

第三，归纳内容。思考课文所讲的内容，捕捉主要信息。

第四，质疑交流。对于疑问，向同桌或同小组的同学请教；小组长汇集大家都不懂的问题，一起请教老师。

（2）检查自学效果。主要有以下四方面：

第一，检查识字。主要有三个方面：①字音检查，可按以下顺序逐步提高认读难度：带拼音的词语认读→去掉拼音的词语认读→单字认读→打乱顺序认读。②字形检查，让学生说说字形特点或记住字形的方法。要注意引导学生总结识记字形的常用方法：笔画分析法，结构分析法，联系比较法，字理识字法（形、义结合），谜语、歌诀、联想法等（见识字教学的相关内容）。③字义检查，阅读中的字义教学应特别注意在语境中理解。低年级阅读教学中的识字教学，应重点检查巧记字形的情况，激发学生的识字兴趣；注意音、形、义结合，应特别注意渗透汉字造字方法的有关知识，培养学生对汉字文化的兴趣。

第二，读课文。可以采用指名读、"开火车"读等形式，要注意引导学生纠错与评价。

第三，了解内容。检查学生对课文内容的初步了解情况，对不同课文、不同年级要用不同的问法。引导学生初步了解课文内容，锻炼学生从课文中提取主要信息的能力，不必要求学生用一句话准确概括主要内容。

第四，质疑交流。让学生提问题，确定教学重点。对学生的问题可适当板书，要尽量让学生解答。

3. 理解感悟的教学方法

（1）梳理结构的指导。梳理结构，即梳理课文的结构及思路，这是分步解读的前提，具有重要意义，这一观点不难找到理论依据。在教育史上第一个倡导教学论的德国教育家拉特克的"自然教学法"就主张：先学习事物的整体，再学习事物的细节。

引导学生梳理课文结构，应根据学生与课文实际，提出适当的引导性问题。主要有以下三组问题，由易到难，指导学生梳理课文结构时可选择参考：

第一，读课文，数一数共有几段或几句话；画一画有哪几个人物、几次对话、几个时间点、几个地点；找一找相同的语句重复了几次等。

第二，提出某段意或某情节、某方面内容，让学生找一找对应的段落或语句；或提示学生分析某些段落之间的关系（总分、并列、因果）等。

第三，让学生说说课文的顺序、结构以及内容。梳理结构时要注意适当板书，通过板书帮助学生建立文章的内部联系。

简练的文字或符号板书实际就是使用所谓的符号标志技术。符号标志技术既可以用来引起注意，也可以用来促进学生对新知识内部联系的建立，使文本的结构更加清晰，因而有助于学习者发现新知识内部的联系。为此，可以采用小标题突出文本的结构，采用序数词表明论述的次序，采用"总之""因此"等关联词指出文本中各句之间的逻辑关系。

（2）分步解读的方法。分步解读即按照一定的思路，一步步或一部分一部分对课文进行研讨，抓住有关语言文字，理解其意思，体会其含义、情感与作用等。

第一，整体思路与切入点的确定。分步解读，应该明确哪些部分需要解读或详细解读，哪些部分应该简略解读或不解读，之后确定从哪一部分切入（或入手）、各部分之间学习的顺序怎样。主要包括三个方面，具体见表4-1。

表4-1　整体思路与切入点的确定

主要切入点	具体内容	
确定主次详略	对于课文的各部分内容要有抓有放，以点带面；注意由扶到放，或先放后收。特别是几部分内容之间有相似之处的课文，如《富饶的西沙群岛》《美丽的小兴安岭》，可以详细指导学生学习其中的一两段，其余类似的段落可以让学生自学或合作学习	
确定整体思路与切入点	整体思路与切入点，可以把它叫作整体"教路"。对此有许多人曾做过研究，如有的人总结出"逆序教学法""跳跃教学法""切入教学法"。形形色色的"教路"可以概括为三种	首先，顺序推进式。即以文章开头部分为切入点，按照作者思路或文章线索，逐段或逐步推进。大部分文章，特别是按事情发展的顺序写的文章，大多可以采用这样的"教路"
		其次，变序研讨式。即以能带动全文内容的问题为切入点，按照各问题之间的某种联系（而不是文章的思路）逐个探讨
		最后，随机点拨式。即以学生感兴趣的问题为切入点，按照学生提出的问题的顺序，随机逐个讨论。写景状物或并列结构的文章内容多可采用这样的教路

总而言之，分步解读无论采用哪种"教路"，都要注意各部分或各步之间的内在联系，都要有明确的目标指向，应注意由语言文字指向思想内容，指向文章的"中心"。即使随机点拨式，也不是任意发挥，教师要发挥好主导作用，恰当点拨和引导。

第二，"部分"内思路与生发点的确定。在深入阅读中，也应凭借对整体层次的把握，再把各个部分当作次一级整体，做进一步分割，再做进一步组合，如此在不同层面上的双向往复，使阅读更深刻、细致、准确。因此，如一篇文章的教学需要考虑段落或部分的取舍、详略一样，要讲读的某个部分或段落内部也应考虑其需要讲读的问题或生发点，并要确定好处理这些问题或生发点的顺序。

任何生发点，都要有明确的指向。一般而言，最终的指向是文章的中心。但不同文体的指向是不同的，因此，教师要加强不同文体功能定位的研究，对不同文体采取不同的教学策略，例如，说明文、叙事性文章与文学创作有不同的功能：说明文的"知识目标"，培养学生逻辑、理性思维；叙事性文章的"思想主题"，培养学生归纳、推理、判断（概括）、思辨（聚焦）思维；文学创作的"审美情感"，培养学生感觉、感受、直觉、发散、审美思维。散文学习的最终目的就是感悟文本的情感内涵。因此，分步解读，不宜孤立解词析句，而应有明确的指向。

总而言之，"部分"教学的"教路"主要有以下三方面：①从形式入手（归纳或综合法）：文字→内容，这种"教路"适合前后联系并不十分密切、相对独立的段落或部分，如写景、状物类的文章中各部分内容的教学，这种"教路"又可分为：整体→部分→整体：读全段，看看有几句话，有没有中心句，有没有不懂的问题；解读重点字词句；归纳段意、再读全段。部分→整体：解读重点词句，由理解词句到理解整段意思。这种情况适合低年级或比较简单的段落的教学。②从内容入手（分析或演绎法）：内容→文字→内容。这种"教路"适合前后联系密切的叙事性文章的段落或部分的教学。③从朗读入手：朗读→分析→朗读，这种"教路"适合看似文字浅显但包含一定道理或表达丰富的情感的作品的教学。一般先让学生朗读；教师针对朗读出现的问题进行指导，对语速、重音、停顿、语气等做适当的说明与示范朗读；再让学生反复朗读，在朗读中体会感情。

第三，引导学生理解和体验词句段的通用方法。真正的理解是特定语境中的理解。狭义的语境，就书面语来说指的是上下文。作者写作时的思想感情倾向，社会或自然环境是全文的语境。因此，引导学生理解和体验词句段的根本方法就是为学生创设并引导学生利用好语境。具体的教学方法有许多，如课文精彩片段教学十法：朗读法、分层法、绘图法、对比法、填表法、嚼词法、析句法、补充法、扩展法、扩写法。

小学生的感情是在具体而清晰的想象和具体而明确的理解的基础上产生的，教师必须多方激发学生的想象，要让他们把文字所描写的内容在头脑里想象出一幅幅图画来，就是要使跃然于纸上的形象呈现于脑海中。教师要善于利用范读的音调，并提出一定问题以引导、激发学生的感情，或启发学生回忆他们自己的生活，诱导学生体会作品中的优美语句。一般而言，引导学生理解和体验词句段的通用方法可以归纳为五类，具体见表4-2。

表4-2　引导学生理解和体验词句段的通用方法

主要方法	具体内容
范读描述	范读描述即教师通过感情投入地描述、范读，引导学生对有关内容进行理解和体验。分析时，教师的语言应当清晰，而且要富有思想感情。特别要注意使自己的思想感情和作者的感情融为一体，进而使学生的思想感情与作者的感情融为一体，这样才能充分发挥文章的思想性来感染学生
提供直观	提供直观即通过提供一定的直观（实物、音像）材料，帮助学生理解有关内容。对于学生陌生的事物，提供直观材料是非常必要的。播放歌曲、录像，可以帮助学生迅速进入情境，很好地理解课文内容。另外，课文的插图是最好的直观材料，教学中要特别注意充分利用课文的插图，让插图帮助学生理解，并给学生留下终生难忘的印象
联系生活	联系生活即引导学生回忆、联想自己的相关经历或相关事物，与所学内容进行联系比较，从而更好地理解有关内容和体会感情。分析时，联系实际，才能使学生更清楚地领会课文的思想内容，并贯彻到生活中去。分析时，还要多方引导学生想象课文中描写的情景以加深学生的感受
启发思考	启发思考即引导学生对有关内容（词、句、段、标点）的深层含义、思想感情、表达效果等进行深入的思考和探究。分步解读，不能只停留在某个词义或某个句意上，这还是浅层次的。教师应当引导学生去寻觅课文异乎寻常的安排、领悟作者立意的高超、构思的精妙和遣词造句
朗读表演	朗读表演即指导学生通过朗读、表演等形式，加深对有关内容的理解与体验。朗读，既是阅读教学的目标，也是加深理解、体会感情的重要手段；表演，有助于学生进入角色，加深体验，更好地体会感情。因此，对文本的解读应重视朗读、表演的方法。可以在分析的基础上朗读、表演，以加深理解与体验；也可以从朗读或表演的指导入手，通过指导朗读与表演，促进理解。朗读表演的内容可以是某句话、某段话，也可以是全篇，还可以联系实际进行创造性的表演

（3）指导感悟拓展的方法。这一步骤，相当于总结谈话。总结谈话，一般是由教师根据课文中心内容组织一系列有概括性的问题与学生进行讨论的。在文学作品的总结工作中，教师应该对故事中的人物做出评定，概括课文的基本思想；并适当地联系学生的思想和生活实际，给予学生启示。应该特别注意的是，文学的真正价值在于读者在解读过程中的种种解释，文学作品的真正生命在于一代又一代读者的不同解读中。因此，阅读教学应鼓励与尊重学生独特的体验，当然也应注意正确的、主流的价值取向。

一般而言，感悟拓展可按四小步进行：质疑；谈体会（感想、认识或联想）；教师重点提示；朗读欣赏。这四小步当中"谈体会"是最重要的。谈体会对小学低年级不必要求过高，只要让学生谈谈对文中具体人物的看法，或对文中某个人物说说想说的话，或说说自己应该怎样做就可以了。对于小学中高年级，则应逐步引导学生掌握概括中心思想的方法（具体方法见前面"概括中心思想"部分）。指导学生谈体会或概括中心还应注意两点：①可以适当拓展和补充相关内容（类似文章、相关事例等），以使学生的概括更准确、体会更深刻；②要注意适时板书体现中心词语，以丰富学生的语汇，提高他们的认识水平与概括能力。

4. 练习积累的教学方法

阅读教学的练习积累形式多种多样，如各种字词训练（抄写字词、组词、造句）、复述与背诵、拓展阅读、小练笔（仿写、续写、扩写、改写、写体会）等。指导练习积累要注意激发学生的兴趣，注重互评互改与交流，适当采用竞赛方式等。练习积累要扎实而突出重点：对于低年级来说，要注重写字训练；中高年级则要注意拓展阅读与练笔；各年级都要注意词语的积累与运用，注意朗读与背诵训练。

（1）指导写字的方法。每个字的指导可按相同的步骤进行：观察、示范、练习、评议、再练。

（2）语言积累与巩固的方法。可以进行词语抄写、词语默写、用词造句、词语搭配、选词填空、列举反义词或近义词等形式的训练；鼓励学生复述与背诵课文。

（3）练笔的指导。要注意读写结合，针对课文表达方面的特点进行写的训练，最好做到每课一练。可以仿写、续写、扩写、改写、写体会等，可以采用说一说、写一写、评一评的步骤进行指导。课堂练笔要尽量当堂完成。

5. 反思总结的教学方法

课堂小结不应只是由教师说，学生被动地听，而应调动学生的积极性，引导学生主动反思，查漏补缺，总结知识要点与学习方法，提升学习效果。具体操作步骤有以下三方面：

（1）反思。鼓励学生再就学习内容进行质疑；对本课学习内容要点进行归纳，对学习方法进行梳理；让学生谈一谈自己的收获。

（2）抽查。教师可以就本节课的教学重点、难点对学生进行适当的检查。

（3）总结。教师对本课学习内容要点与重点、学生学习情况等做简要总结。

6. 作业延伸的教学方法

阅读课应该给学生留适当的作业。阅读课的作业主要有两种类型：①巩固与技能训练性作业，如适当的字词句段篇写的训练、段篇的背诵等；②扩展性作业，如课外阅读、观察或参观活动等。

二、小学语文阅读教学的过程

（一）小学语文阅读教学过程的主要规律

不同时期的教材大都会探讨阅读教学的过程或步骤，其依据当然是阅读教学过程的一般规律。因此，也有教材先探讨一般规律再探讨教学过程。其实，阅读教学过程的基本规律也是不同时期教学大纲所关注的内容。从语言文字到思想内容，再从思想内容到语言表达；从整体到部分再到整体，这确实是阅读教学过程应该遵循的基本规律。一般而言，小学语文阅读教学过程的主要规律包括以下内容：

第一，指导学生阅读一篇课文，必须把它作为一整篇文章让学生读懂，要带领学生把文章通读一遍。教学的主要程序为：先把语言文字弄清楚，从而进入文章的思想内容，再从思想内容走出来，进一步理解语言文字是怎样组织运用的。

第二，文学作品的教学。在准备谈话后通过阅读全文让学生对作品有了初步的完整的认识，之后在这个基础上再逐部分地阅读并加以分析，这就是从整体到部分。各部分阅读分析之后，进行复述工作和概括性谈话，使学生在熟悉作品每一部分的基础上，思索作品的整体，领会各部分之间、形象与基本思想之间的联系，这就是由部分再回到整体，这样才能透彻地理解课文，获得鲜明而完整的形象并受到深刻的感染。特别是教学篇幅较长的作品，教师先把全篇作品做扼要的讲述，略述全文结构的梗概，或者指出贯串全文的线索，目的在帮助学生了解某一部分的时候，知道它跟整篇的联系。之后逐部分地讲读。讲读某一部分，要注意它跟其他部分的各种关系。可以运用编段落大意、复述、总结等方式，让学生获得对全篇作品的完整的领会。这样的分段阅读分析虽分两堂或三堂来完成也不会使形象割裂，因为它注意到从整体到部分又从部分回到整体的原则，注意到部分与整体、部分与部分间的联系。

其实，不仅文学作品的教学应该遵循这样的规律，任何文本的教学，都应先让学生对文本有整体的了解，然后再深入理解"部分"，最后才能达到"整体"的掌握。

第三，讲读课的课堂教学不必固守一定的模式，但在教学的时候要有整体性观念。要从整体入手，首先对文章的整体有初步的认识；其次深入到各个局部，再回到整体上，获得进一步的更完整、更深刻的认识。阅读之初，要凭借语言文字读进去，了解文章的主要内容，体会作者的思想感情。在对文章的思想内容有了一定的认识和感受以后，还要进一步再读语言文字，体会语言文字是怎样反映思想内容的，加深对语言文字的理解，进一步提高理解水平。

第四，单篇课文的理解可以通过自上而下加工和自下而上加工，"篇章结构的理解"与"字、词、句的学习""互为学习的条件"，没有严格的或单一的起点能力。这里虽然没有提出一定要"自上而下"、先梳理"篇章结构"，再学习"字、词、句"，即从整体到部分，但是对"篇章结构"的理解也是"字、词、句的学习"的条件，也能说明让学生先大体了解课文整体情况对于详细学习"字、词、句"是必要的。

第五，阅读过程，首先是一个整体感知的过程，即从整体教学目标出发（一册书、一个单元或者一篇课文）安排教学程序，让学生直接接触课文，而且是整篇课文。通过初读感知，迅速抢占制高点，在脑海中形成一个知觉整体，尽管此时可能是混沌而朦胧的，然而却是极有意义的。其次在读中鸟瞰各个部分，去认识各个部分在整体中的地位和作用，从而使自己对整体的把握更准确深刻又全面具体。

从整体到部分再到整体的教学思路也是符合图式理论观点的。从图式理论来看，人们在阅读一篇新的、内容不熟的文章时，如果见到一个熟悉的标题，总是根据这个标题所提示的原有知识来同化文章中的相关内容。对于内容丰富的文章，读者一般先了解文章的大致结构和主要内容，通过反复来回阅读，不断加深对文章的理解，最后能从主题思想、写作方法、遣词造句的特点等方面来分析和评价文章。

从语文课堂的总体结构看，要考虑四个维度：一是哲学的维度：整体—部分—整体；二是心理学维度：内化—外化；三是教学论维度：感知—理解—巩固—应用；四是阅读学维度：熟读—读厚—读薄—读精。

（二）小学语文阅读教学过程的课堂模式

课堂教学的整体效果是以课堂结构的合理性为前提的。探讨合理的课堂结构是阅读教学研究的重要内容。从语文教学论著中不难找到各式阅读教学过程的结构模式。

1. 阅读教学的一般模式

阅读教学的课堂结构是多种多样的。不同的课堂结构具有不同的特点或优势，当然各种结构往往也有一定的适用范围或自身的局限性。掌握各种课堂结构的特点，适应各种情况的教学当然是必要的，但掌握适用范围最广的、最一般的阅读教学课堂结构更是十分必要的。这里所说的适用范围最广的、最一般的阅读教学课堂结构，也就是阅读教学课堂结构的一般模式。当然这里的"适用范围最广的、最一般的"也只是相对的，不同的教学论教材（或不同的人）所归纳的一般模式也是不尽相同的。

参考各种相关模式与理论，对小学语文阅读教学的课堂结构，可以设计出含有"导入激趣、整体感知、理解感悟、练习积累、反思总结、延伸作业"六环节的一般模式。

（1）六环节的一般模式，具体有以下六方面：

第一，导入激趣。导入激趣这一环节的主要意图或目标是：创设情境，集中注意，导出课题，激发兴趣。可分两步进行：①导入课题。通过一定方法，自然导入课题。②解读课题。引导学生解析课题，激发学生的阅读兴趣与阅读期待。

第二，整体感知。整体感知这一环节的主要意图或目标是：初读课文，自主识字，了解内容，培养自学能力。可分两步进行：①提出要求自学。中高年级这一步也可放在课前，即安排课前预习。②检查自学或预习效果。检查学生对字词、课文内容等预习或自学的情况，鼓励学生质疑问难、合作学习。低年级重点落实识字。

第三，理解感悟。理解感悟这一环节的主要意图或目标是：熟读课文，理解内容（字词句段篇的意思、含义），体会感情，理解（领悟）写法。这一环节的整体思路遵循两条基本规律："语言形式—思想内容—语言表达""整体—部分—整体"。可分四步进行：①梳理结构。引导学生寻找关键信息，梳理课文脉络，从宏观上把握课文结构，建立整体观念。这一步体现的是阅读教学过程基本规律中的第一个"整体"。小学低年级或简短的课文此步可省去。②分步解读。按照一定的思路，引导学生一步步或一部分一部分解读课文：抓住重点语言文字，引导学生理解、体会其意思、含义、情感、作用等。这一步体现的是阅读教学过程基本规律中的"部分"。③感悟拓展。在分步解读的基础上，引导学生回顾整体内容，联系实际或有关资料，谈认识与感受，明白道理，升华情感，落实人文目标。这一步体现的是阅读教学过程基本规律的第二个"整体"。从"理清结构"到"感悟拓展"，经历的是阅读教学过程基本规律中"从语言文字到思想内容"的过程。④领悟写法。理解课文内容以后，特别是高年级的教学，应该引导学生发现与归纳课文在表达方面的特点或优点。这一步体现的是阅读教学过程基本规律中从"思想内容"再到"语言表达"的过程，也是促进读写结合的关键一步。低年级此步可省去。

第四，练习积累。练习积累这一环节的主要意图或目标是：巩固知识，积累语言，训练技能。低年级要注重写字训练；中高年级要重视拓展阅读与仿写等表达训练。

第五，反思总结。反思总结这一环节的主要意图或目标是：查漏补缺，总结升华。

第六，延伸作业。延伸作业这一环节的主要意图或目标是：巩固知识，全面拓展。

六环节的一般模式是一篇课文教学的一般模式，即一篇课文的教学一般包含这六个基本环节。当然如果一篇课文用两课时或三课时进行教学，这六个基本环节就应安排在不同的课时中，且各课时还应补充一些必要的环节，以保证课堂结构的相对完整性。例如，如果一篇课文用两个课时进行教学，就可以将一、二、三环节放在第一课时，四、五、六环节放在第二课时，或者将一、二环节加上指导写字放在第一课时，其余环节放在第二课时；第一课时最后应该加一个课堂小结及布置作业的环节，第二课时的开头则应加一个复习导入的环节。

（2）六环节一般模式的特点。六环节的一般模式尽量借鉴各种模式的优点，体现阅读教学的规律与先进理念，其特点主要表现在以下五方面：

第一，整体上遵循了学生知识学习基本过程的规律与教学论中一般知识教学过程的观点。注意—感知—理解—巩固—运用这是学生学习某一知识的基本过程，这一模式中的六个基本环节正是遵循这一过程设计的，这与教学论中有关知识教学基本过程的观点也是一致的。

第二，遵循了阅读教学从语言文字到思想内容，再从思想内容到语言表达的基本规律。语言文字与思想内容是无法截然分开的，但教学过程的不同环节或阶段对两者的处理是有主从之别的。从语言文字到思想内容，再从思想内容到语言表达，正体现了阅读教学过程不同阶段语言文字与思想内容的主从关系。从"整体感知"环节到"理解感悟"环节中的"感悟拓展"，整体上体现的正是"从语言文字到思想内容"的过程；而从"感悟拓展"到"领悟写法"，再到"练习积累"中"写"的训练，则体现了"从思想内容到语言表达"的过程。

第三，遵循了阅读教学"从整体到部分，再从部分到整体"的规律。篇章结构的理解与字、词、句的学习互为学习的条件，没有严格的或单一的起点能力。但是，阅读理解过程中，对字词句等"部分"的准确而深刻的理解离不开上下文，离不开文章"整体"的关照；理解部分最终指向的也是对文章整体的把握。因此，阅读教学中指导学生对课文的理解应该遵循"从整体到部分，再从部分到整体"的规律。本结构"理解感悟"环节中的"理清结构""分步解读""感悟拓展"三步，正体现了"从整体到部分，再从部分到整体"这一规律。

第四，较好地处理了学生学习主体与教师教学主导的关系。本结构重视学生的学习主体地位，每项教学任务的完成都从尝试学习或质疑开始。例如，"整体感知"环节先让学生自学，再检查自学效果；检查自学效果时也是先让学生汇报、评价，然后教师再做评价与引导；"理解感悟"中的"理清结构""分步解读""感悟拓展""领悟写法"等步骤，以及这些步骤中的每一小步，也都尽量从学生质疑、尝试释疑与自学开始。当然在教学过程中，也注意了教师的适时引导和点拨。

第五，较好地体现了语文学科特点与教学规律。本结构较好地体现了语文学科工具性与人文性的关系，注重语言文字的扎实训练，注意了对文章人文内涵的感受与理解。特别是"理解感悟"环节中"感悟拓展"步骤的设置，以及"练习积累"环节中练习项目的提示，有利于工具性与人文性的全面落实。

2. 阅读教学的特色模式

（1）"揣摩、引导、讨论、点拨"的课堂结构。从适应培养自学能力的需要出发，在

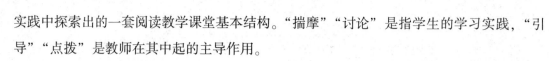

实践中探索出的一套阅读教学课堂基本结构。"揣摩""讨论"是指学生的学习实践，"引导""点拨"是教师在其中起的主导作用。

（2）"整体回环阅读教学法"，这是河南省许昌市实验小学设计并在中高年级进行实验的模式。根据人们认识事物：往往是先从整体入手；其次分为若干个部分深化；最后再回到整体的规律，整体回环阅读教学模式设计了阅读教学的五个基本步骤：①提出课题，明确任务；②通读全文，抓住中心；③依据中心，理清思路；④围绕重点，分段精读；⑤由段至篇，回环整议。

（3）小学语文单元达标教学课堂教学结构，是一种借鉴布卢姆掌握学习理论而设计的小学语文课堂教学结构。一篇课文的教学一般分为感知了解、分析理解、概括深化三个学习阶段。其课时教学模式一般分为四个环节：①激发兴趣，明确目标；②指导自学，实现目标；③综合训练，深化目标；④反馈矫正，达成目标。小学语文单元达标教学课堂教学这种教学结构的突出特点是以教学目标为依据，以指导学生自学为途径，以反馈矫正为保证，以使绝大多数学生达到教学目标为目的。

（4）情境教学模式。情境教学是语文教学中影响最大的一个教学流派，前面已介绍过。情境教学的步骤一般为：①初读——创设情境抓全篇，理清文章思路；②细读——突现情境抓重点，理解关键词、句、段；③精读——凭借情境品语感，欣赏课文精华。

（5）六步教学：定向—自学—讨论—解答—自测—小结，这是特级教师魏书生提出的六步阅读教学程式，这种教学方法按定向（提出课文的学习重点）—自学—讨论（提出自学中的问题和师生讨论）—答疑（找查工具书参考书，或由同学、教师解答）—自测（练习）—自结来组织阅读过程。"六步教学"的特点在于把教师的指导和学生的自学紧密结合起来，让学生能独立解决阅读任务的一部分或大部分。

（6）"明确目标，强化训练"阅读教学课堂结构，该课堂结构包括五个环节：整体感知、重点突破、全面欣赏、巩固语言、综合考查。该结构是针对当时阅读教学存在的两个问题而设计的：重视对课文的分析理解，而忽视语言的积累和运用；对课文分析面面俱到，目标不明确、不集中，抓不住重点。其特点是重视目标的作用、重点突出、训练扎实。

（7）"五环节七步骤"课堂教学结构，是以系统论为理论依据而设计的一种课堂结构。其教学过程包括五个环节：基础训练；出示目标；指导学习，反馈矫正；巩固提高；总结达成度。其中，第三个环节包括交替进行的"指导学习""反馈矫正"，调控训练和"调控训练"三步，其余环节各为一步，因此共七步。每个步骤都规定了调控时间。"五环节七步骤"课堂教学结构具有两个明显特点：一是课堂设计有明确的目标和过程；二是课堂教学重调控、重强化。

小学语文教学与传统文化的融合研究

（8）"问题研讨式课堂教学结构"，这是在目标教学理论、合作教学、和谐教学方法影响下设计的一种阅读教学课堂结构。在提前分好组的情况下，该结构有五个环节：激情导入、出示学习问题、小组学习讨论、班级交流学习情况、质疑交流。

（9）"读读、说说、议议、写写"。读读——指导学生朗读课文；说说——引导学生感知课文内容；议议——启发学生围绕中心句，层层展开，理解课文内容；写写——指导学生展开想象，练习写话。这一课堂教学结构，力求让学生多读、多说、多议、多写，把读、思、说、写有机结合，从而培养学生的阅读能力，促进语文能力的全面提高。

（10）"导读—扶读—自读"教学模式。这种结构适用于教学几个部分结构、写法基本相同的课文。"导读"，即在教师的指导下阅读；"扶读"，即让学生尝试利用上述方法阅读，教师相机帮扶；"自读"，即运用学法自学课文，在自己读书、思考的基础上讨论、交流。这种教学结构有助于学生理解学习过程，积累学习方法。

第三节　小学语文阅读教学的有效性策略

小学语文阅读作为语文教学基础，重在对学生阅读能力的培养，教师应采取灵活的教学方式，激发学生的积极性和主动性，不能全方位控制。这样做容易对学生的思想产生制约，不利于其阅读能力的培养。

一、选择合适的阅读内容策略

为加强学生阅读的有效性，教师应该在选择语文阅读教学内容时具有针对性，随意选择课文文本不利于提高学生的阅读能力。选择阅读文本时需要注意以下两个方面：

第一，所选内容有利于学生的理解能力和阅读能力的发展。教师不仅要对教材理解透彻，还要对学生有一定程度的了解，针对学生所需的发展要求，划定课程重点。教师在精选阅读内容教学时需要重点关注两个方面：一是对文本进行深入解析；二是从学生的视角出发，确立难点、疑点，设置合理的阅读训练计划，促进学生阅读能力的发展。

第二，对阅读内容进行整合并加以拓展。整合和拓展阅读内容，对学生语文阅读能力的提升有重要作用。以教材内容为基础，配合图片和衍生内容，加之相应习题，在各要素的相互作用下，得到大于整体的效果。

二、学生审美能力的培养策略

小学是对学生审美能力培养的重要时期。学生正处于不断发展和变化的时期，容易产生情感共鸣，有利于审美能力和品德修养的发展。教师在教学过程中，可以利用课程内容对学生的审美能力进行提升，培养学生的道德情操。

第一，对学生审美能力的培养。小学阶段的学生是审美能力培养的绝佳时期，教师在教学中要关注对美的传达，让学生在学习过程中感受到美的存在，提升审美能力。语文教学中有大量体现美的内容，如美好的童话、美妙的故事、优美的诗歌和体现心灵美的寓言，无不包含美好的人、事、物，能为教学提供培养审美能力的素材。

第二，道德情操的培养。道德情操培养的基础和核心在于美，学生在环境之美中感受到对生活的热爱，在楷模的心灵美中获得积极的正能量，在学习中受到鼓励和得到的成果，可以调动学生的积极性和坚持的动力。

三、制定科学的阅读教学目标策略

教学目标在教学中起到定向的核心作用，指引教学向着确定方向前进，确保教学内容的有效性。教学目标的制定可以从以下两个方面进行参考：

第一，以新课标为依据，整合三维目标。三维目标，即由三个维度出发所制定的目标，三个维度分别是"知识能力""过程方法""情感、态度和价值观"。

第二，根据教材的具体内容和学生的实际情况制定具体的教学目标。语文阅读的教材内容具有多个角度，可以参考学生的具体情况和心理动态，从学生更易理解的方面选择切入点，引导学生关注诚实守信的品质。

四、创设问题情境、激发探究兴趣的策略

教师在教学中可以营造情境，为学生提供自主探索和思考的空间，提升学生的求知欲，激发学生的进取心，使其主动探索新的知识。在情境创设中，教师可以采取设置问题等方式集中学生的注意力，不仅能激发学生的学习兴趣，还能让学生获得解决问题后的满足感。教师作为教学情境中问题的设立者，要注意学生的实际情况和问题设置的目的，所设情境以能激发学生的主观能动性，主动探寻知识为重。因为锻炼学生主动发现问题的能力，才能引导他们思考问题，进而解决问题。因此，教师最重要的是启发学生，促使其提出问题，并在教学实践中，对如何引导学生提出问题进行总结和归纳。对于问题的解决，教师可以给学生足够的空间进行讨论和交流。

五、拓展语文课堂教学有效性的其他策略

第一，加强对教师的培训，促进教学质量的提升。在新课程的实践中，教师作为教学

实施者，是起到关键作用的主体。新课程在具体实施中取得的成效如何，主要取决于语文教师如何理解新课程以及怎样运用于实践中。要提升小学语文课堂教学的有效性，主要途径是对教师进行定期的专业化培训。对新入职的教师而言，全面严格的岗前培训必不可少；在职有一定教学经验的教师，则需要进行定期培训，不断更新知识储备。岗前培训能够使教学质量得到保证，定期补差能够使课堂教学的有效性得到快速提升。

第二，课堂教学要结合家庭教育和社会环境力量。语文教学需要与生活联通，共同打造良好的学习环境。作为母语，生活中的运用也是重要的学习部分。家庭、社会与课堂共同发力，促进小学语文课堂教学改革顺利进行，其中，家庭与社会起到重要的帮助作用。家庭教育是语文教育的起点，所提供的语言环境为学生的语文能力打下基础，在课堂学习阶段，家庭教育是不可忽视的组成部分。社会环境相对于家庭和课堂更具复杂性，要注意从中吸取优质内容加入课堂教学中，对不规范或不适合引入课堂的语言进行过滤。

第三，课堂教学的评价标准要具有发展性。评价标准对课堂教学的发展具有重要作用。传统的粗放型课堂教学评价形式会制约课堂教学的创新发展，单纯依据学生成绩和升学率对教学进行评价，而忽略对学生长期发展有利的学习能力培养方面。因此，建立具有发展性的课堂教学评价体系十分必要。

以上三者结合，能够全面有效地促进学生语文能力的提升。

第四节　小学语文阅读教学的学生能力培养

一、小学语文不同学段的阅读能力培养

（一）小学低段学生的语文阅读能力培养

1. 小学低段学生语文阅读能力发展的特点

（1）阅读心理的发展特点

第一，感知特点。低段学生由学龄前儿童发展而来，他们在感知方面类似于学龄前儿童。小学低段学生在感知事物时会关注事物的大概轮廓与整体形象，很少对事物进行细节的精细分析，容易忽略事物的某些具体情况。以学习拼音为例，他们只满足于每个拼音的轮廓，却不去把握拼音的细节区分，导致他们容易混淆外形相似的拼音，如"b"与"d"，"p"与"q"，在他们看起来都是同一个拼音。当他们写这些拼音时，根本不会思考半圆朝左边还是右边，"l"在上边还是在下面，完全凭感觉把它们写出来。还有一部分学生甚至没有认真观察教师范写时的书写顺序，只是按照自己的思维方式和拼音的大致轮

廓，把拼音"画"出来，这样的思维方式也会影响学生的写字习惯，导致他们写字时容易出现错误，无法精确地把字写完整。

小学低段学生的感知具有明显的随意性与情绪性。他们的感知活动较少受目的控制，大多由兴趣控制，这就导致他们感知事物常常跟着兴趣走，不按教师的要求去感知。例如，教师要求他们观察花的形状、结构与颜色，他们却被叶子上的昆虫所吸引，把花放在一边不予理会。教师要求他们去观察一幅小学生写字的正确姿势的图片，他们却偏偏不看姿势，反而去看图片中小学生的裙子。当然，小学低段学生的感知目的性并不是一直停留在随意性阶段，在教师的严格要求与训练下，他们的感知目的性会逐渐发展起来。

小学低段学生的时间与空间知觉还很不完善。他们还不能理解"上下""左右""大小""长短""快慢"的相对性。例如，教师与他们面对面站立，他们就分不清教师的左手和右手，不知道教师的左手就是他们的右手，教师的右手正是他们的左手。他们对于那些过大或过小的空间与时间的概念也不易理解。"世纪"对于他们而言就是"很长很长的时间"，"无穷大"就是"许多许多的房子"。这一特点，只有当他们思维发展之后，才能逐渐消失。

第二，记忆特点。小学低段学生的机械记忆占优势，机械记忆的水平较高。他们的记忆不是通过理解来识记，而是靠反复背诵来实现。由于小学低段学生的机械记忆水平较高。因此，在教学中，要善于抓住低段学生的记忆特点提升他们的记忆能力。

小学低段学生的记忆任务在于培养意义记忆，逐渐学会在理解的基础上去记忆，而不是满足于死记硬背。不过，这一任务只有伴随学生思维的发展和知识的积累才能实现。

第三，注意特点。小学低段学生的注意以无意注意为主，他们的有意注意发展还不完善。他们的注意常常容易被活动的、鲜艳的、新颖的、有趣的事物所吸引。因此，教室之外的小鸟、飞蝶、虫鸣都容易使他们注意力分散。他们的注意很难长期保持在一个事物上：5~7岁的儿童，注意的保持时间是15分钟左右；7~9岁的儿童，注意的保持时间是20分钟左右。因此，小学低段的学生学习15~20分钟之后，就应放松一会儿，然后再继续学习。整个小学低年级阶段，帮助他们学会控制自己的注意力，发展有意注意，始终是注意力培养的目标。

第四，思维与想象特点。想象建立在表象的基础上，以表象为素材。儿童的想象有力地促进了儿童思维的发展，同时也让儿童学到了不少社会性知识，促进了儿童的社会发展。

小学低段学生的想象还保留学龄前儿童的特点：情境性较强，目的性较差。他们的想象内容常被当时的具体情境左右：看见鸟，就幻想自己可以像鸟一样飞翔于蓝天；看见下雨时地上的流水，就想象它是河，于是会马上摘一片树叶当成船，在"河"上漂流。因

小学语文教学与传统文化的融合研究

此，小学低段学生的想象任务，在于培养想象的目的性，让他们学会按照教师的要求，按书本的要求展开想象。"看图说话""自编故事""角色扮演"等都能促进小学低段学生想象的目的性发展。

幻想是创造的基础，因此，鼓励学生的幻想是小学低段学生想象的另一个任务。鼓励幻想意味着不能以成人的标准来判断儿童的想象，不要讥笑、嘲讽儿童的各种幼稚幻想，要给儿童的幻想提供表现的机会。

小学低段学生的思维以形象思维为主要形式。他们的思维离不开具体形象的帮助。他们还很难掌握较抽象的概念。因此，促使他们由形象思维转向抽象思维始终是小学低段学生思维发展的任务。另外，"一题多解"的"发散思维"是创造的另一条件，因此，培养发散思维也是小学低段学生思维发展的任务。

第五，个性与社会性发展特点。整个小学阶段的人格发展的任务在于"学会勤奋"。勤奋不仅是小学低段学生学习成功的保证，也是学习和事业成功的保证。另外，由勤奋导致的学习与事业的成功还能培养他们的"自信""进取""合作"等良好的性格特征。家庭教养方式对于儿童的健康人格的形成举足轻重。一般而言，对学生"放纵型"的教养方式会让儿童形成"冲动—攻击型人格"。而过分维护父母权威的"独断型"教养方式会让儿童形成"冲突—急躁型人格"。只有与学生高度双向沟通的"威望型"教养方式才能培养出人格健康的"积极—友好型"儿童。他们自信、自控、精力充沛，与同伴关系友好，能正确面对压力，愉快、好奇、易于合作、易于指导，有人生目标和成就需要。由此可见，家庭教养方式必须遵循父母与子女高度双向沟通的原则。父母对儿童的不良行为要强硬，对儿童的良好行为要赞扬与支持。与此同时，父母要重视儿童的愿望、请求和观点，重视与儿童的共同活动，鼓励儿童的独立性，给儿童以选择的权利和机会。只有这样，才能让学生形成良好的人格特征。

（2）阅读能力的发展特点。小学低年级是培养良好阅读习惯的重要阶段，特别是在母语教育的起步阶段发挥着奠基作用，直接关系到识字、写字、口语交际、写作等各个方面能力的发展。

第一，阅读兴趣的培养。大多数5岁的儿童会经历由看图发展到识字的阶段，这个阶段是儿童的阅读启蒙关键期；5~7岁，开始进入大量识字阶段，在这个阶段里，学生天真、活泼、好动，阅读兴趣浓厚，对印刷精美、内容丰富、情节有趣的读物有着浓厚的兴趣，如动物画册、绘本、漫画等。

第二，阅读量和阅读时间。随着生活条件的好转，家长对学生的阅读越来越重视。大部分学生拥有良好的阅读条件，也能自觉阅读。同时，家长对学生的阅读引导有着至关重要的作用。有些家长会在周末带学生到图书馆或书店看书、买书，甚至有部分家长能身体

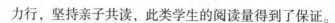

力行，坚持亲子共读，此类学生的阅读量得到了保证。

第三，阅读能力的发展。阅读浅近的童话、寓言、故事，向往美好的情境，关心自然和生命，对感兴趣的人物和事件有自己的感受和想法，并乐于与人交流。诵读儿歌、童谣和浅近的古诗，展开想象，获得初步的情感体验，感受语言的优美。积累自己喜欢的成语和格言警句。背诵诗文50篇（段）。喜爱图书，爱护图书。课外阅读总量不少于5万字。

第一学段（1~2年级）的侧重点是阅读的知识因素与非智力因素。而如今在这个关键期内，大部分低段学生阅读时没有掌握一定的阅读方法，阅读时较随意、盲目。低年级学生应该培养一定的阅读技巧，学校及教师也应该在此方面制定相应的教学策略来使小学低年级学生在阅读上打好基础，培养学生的语文阅读兴趣，提升语文阅读能力，为以后的学习做好准备。因此，迫切需要教师对阅读的内容、时间、方法等诸多方面进行进一步的探索和研究，从而建立有效的阅读模式。

2. 小学低段学生语文阅读能力培养的策略

依据低段学生心理发展与思维发展的特点，并根据低段学生的阅读能力层级来确定培养的阅读策略，我们建构了符合小学低段的阅读策略。低段的核心阅读能力为语言理解能力，主要培养学生进行兴趣型阅读。从这一阅读能力层级的发展来看，低段学生的阅读重在提取文章信息，理解文章图画、语言、内容。

（1）预测策略。在《汉典》中，预测是指在掌握现有信息的基础上，依照一定的方法和规律对未来的事情进行测算，以预先了解事情发展的过程与结果。预测的方法与形式多种多样，例如，现代科学在对现有信息资料进行精密分析后，所做出的对自然状况的预报，以及各种理论学说对人类社会发展的推断。它包含两种基本含义：预先推测或测定和事前的推测或测定。

"预测"用于阅读中，是一种重要的阅读策略，是读者在阅读发生前或者阅读过程中，对后文的唯一结果进行的先行猜想。在预测的过程中，并不需要严格遵循线索的指引，其预测结果正确与否可以在后文的阅读中进行验证。

以"预测"策略进行阅读指导，在目前来看虽是新兴事物，但实际上，它却早已是非常普遍的阅读策略。所有阅读无碍的读者在阅读有情节的文章时都会不自觉地进行预测，如看封面预测故事内容，看内容预测情节，看插图预测谁会赢得比赛，看细节预测故事的结局……预测的内容，往往是读者最感兴趣的。读者带着预测浸入文章，从字里行间抽丝剥茧，一窥故事的秘密。

通常而言，在阅读文章时，预测策略可分为四个步骤并循环反复：①根据题目、封面等内容所提供的直观信息，大胆猜测文章的内容等，形成读者自己的初步预测；②阅读文章内容，找到可以佐证的线索，验证阅读前的预测；③在确定的线索中修正预测；④形成对内容的有根据性的理解，梳理文章的线索及内容设置，做到了解文章、了解作者的创作意图。越往纵深阅读，读者又会再次根据新线索的出现继续预测后续发展，形成新的预测。简而言之，就是重复着"预测—寻找线索—修正—理解—再次预测"的思维建构过程。

预测可以分为方向预测和结构预测。方向预测指借助文章的标题预测文章的体裁和主题思想。结构预测指利用文章段落发展的方法，预测导读全篇的主题段和段落的发展的方法、预测导读全篇的主题段和段落的主题句及其他所需信息。阅读教师根据文章的标题进行方向预测或结构预测，然后获得学生的反馈，进而要求小学学生阅读文章来证实并修正他们的预测，最后达到真正理解的目的。

预测能力是阅读教学中的重点能力之一，也是激发阅读兴趣的重要方法之一，是图式理论在阅读理解中的具体应用。读者根据已有知识图式和文章内在联系的有机联想，不断对文章的主题、体裁、段落结构进行预测，进而从客观上把握文章的主题和写作思路，有效地提高做题速度和准确率。

预测是自我观照的一种学习，它让阅读者照见会阅读的自己。预测策略能引导学生经历真实的学习历程，激活学生生活与阅读文本的真正联系，使学生真正拥有学习的主动权，拥有思索感悟的机会与时间。但这种模式更适用于阅读教学的初级阶段，而且教师在运用预测策略引导学生阅读时，有以下注意事项：

第一，在进行预测的过程中，教师必须对学生进行必要的引导。教师需要引导学生通过仔细观察图片，提取信息并结合自己的经验来帮助预测，不能放任学生自由想象，否则就会偏离文章的内容、主旨，无法达到阅读教学的目的。同时，教师又要鼓励学生结合自己所获取的内容和想象进行大胆猜想，特别是鼓励内向、敏感、不善言辞的学生，这实际上是对文本信息内化加工的过程，有助于提升学生的信息理解能力。但如何把握"猜"的度，使学生"猜想"而不"妄想"，这需要教师有深厚的教学功底和良好的课堂教学应变能力。

第二，在进行预测教学时，教师的提问要有针对性，让学生有方向性地猜测，这样才能让学生在预测中激活自己的背景知识，初步学会运用自己的背景知识和文本信息之间的关联性来感知文章内容的方法。教师通过预测、验证、修正、再预测等一系列教学活动，能检验学生理解文本的层次，提升学生的创新能力和思维的严谨度。

第三，预测阅读教学的难点是让学生通过文本循序渐进地验证自己的假设是否正确。在这一环节中，教师不但要关注学生深入文本、联系生活实际做出预测的过程，更要教会学生预测、验证、修正、再预测的方法。这实际上是一种思维品质和能力的培养。这样一种思维品质，既是思维严谨性的追求，更是迈向更高阶的思维——批判性思维能力的必由之路。

（2）摘要策略。摘要又称概要、内容提要。摘要是以提供文献内容梗概为目的，不加评论和补充解释，简明、确切地记述文献重要内容的短文，其基本要素包括研究目的、方法、结果和结论。总而言之，摘要是用简洁的语言将文章的主要内容叙述出来，让读者快速把握文章的主要思想，是理解和概括文本的一种重要的阅读策略。

摘要需要注意：先要删除不重要与重复的信息来找出文章的主要概念，并通过词语归纳及段落合并浓缩文章的内容，再以连贯流畅的文字呈现文本初始的意义。摘要用于各段（意义段），再整合成全文摘要。"摘要"策略能促使读者将注意力聚焦在文章重点上，忽略较为不重要的细节，并将文章中各重点联结统整，形成有意义的整体理解，更能有效促进读者的阅读理解。

在具体的阅读教学中，教师要慢慢引导学生善用恰当的关键词，用关键词帮助他们提取重要信息，回忆重要内容，建构更完整的摘要框架，搭建学生在文字和内容间输出、输入的构架。

第一，摘要策略的主要步骤。运用摘要策略时，主要有三个步骤：①粗浏览。阅读一篇文章，先大略浏览，标示段落句子，标示文章段落，初步感知文章内容。②巧删除。细细阅读每个自然段中的词句，巧妙分辨每个句子、段落的主要意思，删除句子中不重要及重复的信息，再删除段落中不重要及重复的信息，最后删除不重要及重复的段落。这个过程将繁杂的段落及文本内容删繁就简，留下文章中的关键内容。③慢整理。分类归纳叙述情节及文章的重点，加上连接词，整体排成一段通顺的话。

以上三步中最难的是如何分辨并保留文章的关键之处，以及关键语句一般藏在哪里：①藏在文章标题之中。题目是文章的眼睛，文章的标题可以预测文章的主要内容和叙述方向。有的题目点明了主人公；有的题目指出了主要事件；有的题目概括了主要内容；有的题目提示了主要描写对象。②藏在附加问句之中。部分科学文章会出现有问号的句子，附带着相关的答案，这种句子叫作附加问句，这些接在问句后的文字往往都是文章的关键主旨。③藏在列举项目之中。当文章中出现"一、二、三"或"首先……接着……最后"等列举项目时，这些项目是经过作者分类后的重要信息，也是文章的关键。④藏在重点字词之中。抓住文章中的重点字词可以帮助找到关键的句子，并能准确把握文章的主要内容。

第二，摘要策略的注意事项。摘要是摘要者从学习内容中找出重点，并做扼要叙述。影响其成效的因素众多，主要包括以下内容：

首先，文章的类型。长篇文章较短篇文章难以选择与统整观念，难度越高的文章，越难被精简浓缩。文章的复杂性也会影响摘要的效果。复杂的文章，如包含罕见字汇、精致的句子结构、抽象的观念、不熟悉的观念、不相称或缺乏内容明确的组织体，在选择各段落的重要性时，更需要摘要者深思熟虑的判断。总而言之，摘要者要阅读适合其年级程度和思维程度的文章，摘取文章大意时才能更得心应手。

其次，学习者的条件和态度。在学习者的条件方面，随着年级的增加，学生更能正确完成大意的提取。也就是年级越高，学生越能准确抓取文章关键，越能用自己的话写出文章大意。

最后，不同文体的摘要策略。摘要策略的运用，还要考虑以下不同文章的题材：①写人的文章。阅读这类文章可以根据"人、地、事"三要素来进行摘要。②叙事的文章。阅读这类课文要抓住事情发生的时间、地点、人物和事情的起因、经过和结果。③写景的文章。阅读这类文章要抓住写的是哪些景物，景物有哪些特点，是按照什么顺序描写的，再进行概括。如《黄山奇石》，作者按照观察的顺序，描写了"仙桃石""猴子观海""仙人指路""金鸡叫天都"的样子，表现了黄山奇石令人叹为观止的景象。④状物的文章。阅读状物文章要抓住写的是哪些事物，从几个方面写它的特点，是怎样写的。

在教学时，教师不仅要教会学生如何运用摘要策略，还要关注运用摘要策略阅读时的注意事项，这样才能更好地引导学生活学活用。

（3）自我提问策略。自我提问策略是指：阅读者在阅读过程中，为了促进对所学知识的理解，主动地从元认知层面监控，调节自己的学习，主动提出问题的行为，它既是一种外显的学习行为表现，也是学生有意识地在学习中加以运用的策略。

"自我提问策略"经常和"理解监控策略"连用，它能协助阅读者确认自己是否已经了解文章意义。但在现实课堂中，学生往往习惯了教师问、自己答的上课模式。关于课堂提问的研究也主要集中在教师提问，对学生课堂提问的研究明显不足。事实上，学生课堂提问的作用是教师提问所无法取代的。课堂上学生的自我提问能使学生更积极主动地监控自己的阅读，更能有的放矢地提出自己在阅读过程中出现的问题，更能感受到自己是学习的"主宰"，记忆也更长久。在此教学模式训练中，虽然每学期的考试难度逐步增加，但学生的考试成绩却稳步上升。因此，"自我提问策略"的教学是对传统阅读教学模式的尝试突围，其价值目标指向"教阅读"与"教方法"。我们必须引导学生增强对阅读的基本目的与具体要求的意识，学会灵活运用这种自我提问的监控策略，使之成为阅读认知活动的内在动力与调节机制。

小学阶段是学生具体思维、形象思维发展的黄金时期，也是抽象思维萌芽和生长的重要时期。在小学语文教学过程中，学生思维能力的发展是我们应该关注的焦点。因此，引导学生学会自我提问，既是重要的教学手段，又是激发学生积极思维的发动机，更是促进学生思维能力发展的助推器。无疑，将"六何法"作为一种自我提问的具体操作方法，运用到学生课堂自我提问的设计中，不仅有助于学生将已有的知识经验，结合教学内容的知

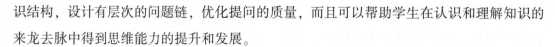

识结构，设计有层次的问题链，优化提问的质量，而且可以帮助学生在认识和理解知识的来龙去脉中得到思维能力的提升和发展。

从教师方面来看，首先，要解决一个观念问题。要真正树立"以学生为主体"的教学思想，就要相信学生有独立提出问题、分析问题和解决问题的能力。因此，要在平时保持民主平等的师生关系，在课堂创造和谐愉悦的课堂氛围，让学生在宽松、自由的环境中，表现出寻根问底、积极提问的强烈欲望，做到真正敢于提问。其次，应发挥教师的主导作用。要引导学生的提问和答问能够紧紧围绕教材的重点和难点而进行，要善于激发学生学习语文的心灵之火。在整个教学活动中，教师要真正做到"道而弗牵，强而弗抑，开而弗达"。只有这样，学生才能真正做到善于发问。再次，教师要对教材相当熟悉，因为学生提出的问题涉及面很广，可能有些问题的提出是出乎教师意料的。教师只有准备充分、备课深入，才有可能对学生提出的问题给予恰当的评价，而不至于感到棘手或措手不及；最后，自我提问策略的学习应该体现梯度，有层次地训练不同年级的学生提问。

从学生方面来看，首先，要摒弃依赖教师的思想，要努力培养自身积极探索的精神；其次，要充分预习教材，要事先设计好一两个有质量的问题，并做出答案；再次，要学会运用教材本身的提示、注释、课后练习及单元知识来设计问题；最后，学生自我提问策略并不是在课堂上一蹴而就的，要实现学生自觉、熟练地运用自我提问策略，更重要的是要求学生在课外阅读中有意识地对此策略进行充分练习。为巩固学生所学策略，教师可以给学生布置硬性任务。

总而言之，自我提问有助于培养学习者的自主阅读能力，教师在课堂教学中要多把提问题的机会留给学生，在日常加强对学生进行自我提问的训练，使学生更加主动积极地参与到阅读活动中，和文本进行最大限度的交流，从而提高学生的阅读理解能力和自主学习能力。

（二）小学中段学生的语文阅读能力培养

阅读活动也是一种思维活动。在阅读思维能力上，小学中段学生的独立性和创造性阅读思维在不断增强，能借助感知觉、记忆、思维、想象等多种心理活动参与阅读，并能经过不断分析、概括、比较、推理、判断、综合等活动加深对阅读内容的理解。但是对文章的欣赏、评价，以及创造性阅读等能力有待提高。对文本的感知仍然较为浅淡，对文本结构中的因果关系无法建立有效连接，逻辑思维和分析推理能力有待发展。小学中段的核心阅读能力为内容概括能力。

1. 小学中段学生语文阅读能力发展的特点

（1）学习心理由被动向主动转变。小学中段学生正处于小学低年级向高年级过渡时期，是培养学习能力、意志力、良好学习习惯的关键时期，这一阶段的学生，大脑抑制功能不断增强，对自身情绪变化和行为变得更有意识。与低年级学生相比，中段学生开始从被动的学习主体向主动的学习主体转变。他们对事物保持着强烈的好奇心和求知欲，具有较强的自主探究的能力，喜欢通过自己的探索获取知识，喜欢研究有挑战的事情，更喜欢需要独立思考的学习内容。他们对事物逐渐有了自己的认识，开始不再完全依赖他人的评价，同时，也更注重对内心品质的评价。小学中段学生的注意力有了提高，注意力的目的性逐渐增强，有意注意逐渐占了主导地位。值得注意的是，虽然这一阶段内在动机逐渐开始成为中段学生的学习动力，但是不能忽视外部激励对学生学习的推动作用，外在激励仍是他们重要的学习动力。

（2）思维品质由形象向抽象转变。根据皮亚杰关于人的认知发展阶段论可知，小学中段学生正处在形象思维向抽象思维发展的关键阶段，这一阶段学生的思维从以形象思维为主逐渐转变为以抽象逻辑思维为主。抽象概括、分类、比较、综合和推理等能力都随之有了较大提高。思维的敏捷性和灵活性也有所提高。他们的想象力也发生了一定的变化，由虚构向现实、直观向抽象、肤浅向深刻、笼统向明确转变。同时，记忆力、观察力、想象力、表达力等各方面能力获得了较快发展。能在教师的指导下有目的、有系统地进行观察，观察的次序性、精确度、判断力都有了一定程度的提高。小学中段同时也是语言发展的关键期，对语言和文字反应能力增强。由口头语言向书面语言过渡。表达能力也逐步提高，尤其是书面表达的能力逐步完善。

总而言之，小学中段学生阅读能力尚处于初级阶段，阅读主要需要外部激励，从兴趣出发，需要教师监督和指导，并学会一定的阅读策略来提升阅读能力。

2. 小学中段学生语文阅读能力培养的策略

（1）推论策略。"推论"一词，词典解释为：从一个或者一些已知的命题得出新命题的思维过程或思维形式。其中，已知的命题是前提，得出的命题为结论。"推论阅读策略，是指读者在具体的阅读情境中，运用文章提供的信息和自己已有的知识、经验推导出新的文本信息的一种阅读策略。"①

"推论策略"是指用已知的条件或证据，通过一个合理的逻辑程序进行加工，以此对故事的结局、情节的发展、人物的命运、文章观点等多方面进行先行判断。

推论策略的使用要建立在能够正确关注，并提取具体信息能力的基础之上。而借助推论策略的运用，可以对学生进行多方面的语文思维能力的训练，提升学生的语文素养和思维能力。推论可以帮助学生运用现有的线索做预测，抓住文章的主题，从字里行间体会文章的主旨，也能够帮助学生记住文章的主要内容。推论所要求知的，往往是读者最感兴趣

---

① 金晓锋. 运用推论阅读策略，发展学生阅读能力——以语文统编教材四年级下册第二单元教学为例［J］. 广西教育（教育时政），2020（7）：48.

的内容。在日常阅读中，阅读无碍的读者在阅读有情节的文章时，也都会不自觉地进行推论。读者往往喜欢在阅读中根据已有的知识来推测阅读内容的发生、发展和结果，并用实际阅读内容进行验证，从而获得阅读的愉悦感。这样的阅读过程有着不可抵挡的天然的新鲜感和吸引力。对于学生而言，这种推论几乎会贯串阅读的始终，让他们在期盼、紧张、焦急、兴奋等情绪中进行猜测、分析、判断和推论。

第一，推论策略的运用手段。推论是人们常用的一种阅读策略。然而，尽管许多读者都能够自觉或不自觉地进行推论，但推论的水平却参差不齐。有些读者的推论有理有据，丝丝入扣；有的读者却在故事中迷失方向，做不出有意义的推论，仅凭直觉判断，或人云亦云。因此，将"推论"作为一种策略来练习，使学生将此策略融入自己的阅读实践中，显得尤为重要。教给学生"推论"的方法，提高学生的"推论"能力，能够有效激发学生的阅读兴趣，提高学生的阅读的效率，促进学生语文思维的发展。

首先，文章主旨推论，促进想象能力。文章的主题，有时直接标示在题目上，有时则写在文本的中心句或过渡句中。在教学时，可以引导学生先用红笔标注出关键句，再进行统整，便可借由此中心完成推论策略的训练。

其次，据人物特点推论，培养思维能力。例如，在教学中，教师可以选取相关阅读文本，引导学生学习捕捉文本关键信息进行推论的阅读策略，提升学生阅读思维和表达的连贯性、完整性，提高学生对文本中心理解的深刻性和多元性，培养学生的发散思维。

再次，据文本插图推论，提高观察能力。文本中的图表往往是潜藏着大量信息的地方，不能忽略。培养学生观察图画和分析图表的能力不但对其阅读能力的提升，甚至对其个人发展也大有神益。训练学生的观察力，从绘本开始是一个很好的选择。

最后，据作者背景推论，发展分析能力。许多文章，在阅读时若能联系作者的生平，了解其当时的心境，就能更好地体会文章中所传达的情感。

第二，推论策略的注意事项。阅读中，师生常常将"推论"策略与"预测"策略相混淆。"推论"策略与"预测"策略都是做先行判断的过程，都是一种推理，但其实两者有着明显区别。推论只能发生在阅读过程中，建立在能够正确关注并提取具体信息能力的基础之上，更注重对已知线索的分析，因此，对前文信息的正确理解非常重要。同时，推论要求遵从逻辑进行合理的猜想，它一定有线索和道理的支撑。结合推论的线索越多，推论可能越正确。而预测可以发生在阅读前，也可以发生在阅读过程中，可能是没有线索和推理的乱猜。

推论是可以作为一种策略来练习提升的。多鼓励学生进行推论策略的运用，循序渐进，将此策略融入学生日常阅读中，将有利于学生进行多方面语文思维能力的训练，从而有效提升学生的语文素养。但在练习的同时也要注意以下方面：

首先，正确把握年级目标和学情。推论策略的具体运用和实施，并不局限于小学中段学生使用，它往往伴随着学生的阅读过程无意或有意地发生。因此，需要根据不同学段的学生年龄特点、年级目标进行分解。小学低段学生的推论策略注重结合学生的生活实际，融合学生的想象。小学中段学生注重对词语、段落和文本等的推理判断。小学高段注重探究文本背后的内容，更多倾向于判断、分析和辩论。

其次，遵循思维发展的内在趋势。学生阅读能力的发展不是一蹴而就的，推论策略的学习和运用也应当严格遵循学生思维发展的内在趋势。随着学生生理和心理的发展，推论策略的实施点应当由浅入深、由抽象到具体、由共性到个性地发展。在内容上可以实现由词到句，再到篇章段落的逐步递进。在使用上引导学生从生活经验开始，注重个人的理解和感受。在推论结果上，鼓励多元化发展，从而拓宽学生思维发展的广度。

（2）联结策略。"联结"在《现代汉语词典》中解释为"联络""联系"或"结合"。学习即联结，心即是一个人的联结系统。换言之，学习的实质其实就是在情境与反应之间形成一定的联结。联结策略是指以阅读文本为原点，挖掘文本中蕴含的文化因子的辐射作用，以师生为资料链接的双主体，共同探寻相关阅读材料，并在这些参照文本的交互印证下，或体验，或证实（或证伪），或演绎文本中已有的观念，使阅读的触角伸向文本的文化源头、作者的生命体验、学生的生命体验。联结让读者不再仅仅停留在原有认知和理解的范畴，而是架设一座从"已知"通向"未知"的桥梁，从中获取新的信息、激发生命体验、获得情感感悟、产生文本共鸣、主动建构文本意义，从而提升学生评价、鉴赏、运用和迁移等阅读能力。

第一，联结策略的运用方式。在文本阅读过程中，联结策略主要包括尝试与文本信息联结、与相关文本信息联结、与已知事物和其他资讯联结、与学生生活经验联结这几种方式。具体可从以下方面进行操作学习：

首先，联结文本相关信息，培养获取信息的能力。信息的获取、推论、建构与概括表述的能力是小学生阅读素养优劣的重要体现之一。与文本信息联结，简而言之，就是能联系前后句段，联系上下文，从相关句段中联结有关信息，综合理解，从而获取信息进行阅读理解：①联结文本相关信息，理解词语的意思。文本中词语的意思可以联结文本相关信息加以理解。②联结文本相关信息，体会关键词句表情达意的作用。在体会文章主旨时，需要入情入境地深入文本，联结文本中具有深刻含义的词句。③联结文本相关信息，品赏词语的感情色彩。在品赏词语感情色彩时，一般要联结文本的相关信息，再结合平时的积累，从而体会表达效果。

其次，与另一本书的相关信息联结，培养感悟情感的能力。与一本书联结，能让学生"跳出"原有的认知，通过熟悉的课外书中的某个文本信息，了解阅读文本中与之相似却

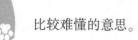

比较难懂的意思。

再次，与已知事物和网络资讯联结，培养评价鉴赏的能力。评价鉴赏的能力是阅读素养中层级最高的能力，也是阅读教学中令教师踌躇不前的问题之一。根据学习情境，借助恰当的联结策略，为学生提供与文本有关的信息、资料，在一定程度上能帮助学生揣摩文章的表情达意，将语文学习扩展到浩瀚的课外领域，获得意外之喜。

最后，与生活经验联结，培养迁移运用的能力。将生活教材引进文本，联结生活，学生的视野才会更加开阔。

第二，联结策略的注意事项。在传统教学中，对于联结策略的运用也较为狭隘，往往只限于字词的理解等。没有将知识链接成网状，使知识或已有经验呈割裂状或碎片化。"联结"重在"结合"。运用联结策略，要利用学生原有的认知结构，重视学生一定年龄阶段的心理发展水平，实现学生与文本信息联结、与生活经验联结、与已知事物和资讯联结，使阅读的触角伸向多视点、多角度，让阅读更有广度和深度。

首先，文本选择——基于学生特点突出"趣"味。阅读策略的学习是随着学生年级的升高而循序渐进、不断深入的，并且在"阅读策略"指导课上，因为聚焦一种策略指导和运用，目标集中而高效，但往往容易使阅读课有"理"少"趣"。我们采用的"联结策略"的阅读方法，重在将阅读主题与文本信息、其他相关文本信息以及生活经验建立起联结。但要实现它们之间的交互融通，需要选取一些容易被学生接受的阅读文体为载体。

其次，文本阅读——基于联结策略研究突出"理"性。"联结策略"的运用不仅要突出文本的趣味性，还必须兼顾理性的阅读分析。教师要教会学生运用联结策略，引导让学生在不同知识、经验和思想之间建立联结，从而既让文本"立"起来，让文本的内容情节立在学生阅读的思维中，又让文本"活"起来，让文本中的人文精神活在学生的精神世界里，扩展学生的精神版图，让学生充满趣味地在理性建构中习得策略和掌握方法。

最后，注重"联结策略"在阅读教学运用中的探索。"联结策略"的教学是对传统阅读教学模式的继承和创新，将学生置于课堂的中心，加强学生与文本的多维联系，以学生的视角去阅读，去体验，去感知，使教学价值取向由"教阅读"到"教方法"。在实际教学中不能机械僵化地使用联结策略，而应与"推论策略""统整策略"等阅读策略结合使用，从而提升学生的阅读素养。目前看来，联结策略是使用广泛且重要的一种策略，它能够使读者主动建构阅读的意义，让阅读的体验更加丰富。

教师还可以从三个方面尝试探索：①尝试根据一篇文章选择更多阅读材料，将联结策略的培养进行串行化、结构化、长程化设计，以一个月四周，每周一课时，共四个课时展开主题阅读教学探索，开发切实有效的培养联结策略的课型；②除了对小说、剧本等形式的文本进行联结策略阅读，还要将绘本、非连续性文本的教学也以联结策略进行尝试，帮

小学语文教学与传统文化的融合研究

助学生形成联结的思维方法；③有针对性地以阅读策略进行阅读理解材料的命题，确保学生阅读能力稳步提升，并注重收集数据，分析原因，从而指导阅读教学工作。

（3）图像化策略。所谓图像化策略就是在阅读时把文本的内容转化成脑海中的图像。有些小学生擅长用图像来思考，图像化对某些小学生而言是很好的学习方法。学生可以利用这种方式，将文本转化为图像，帮助理解与记忆。这样的管道可以让文本变得更具体、更生动，读者身处在这样一个图像故事里，更能够投入到故事的内容。

第一，图像化阅读策略运用的要点。小学生拥有天生的想象力，这种图像化的阅读策略根本无须培养。但事实上，图像化阅读的过程，是把抽象的文字转换成具象的图像的过程，是要在文字与图像之间建起一座桥梁。这个过程，对于很多小学生而言并不容易，是需要一定程度的训练才能逐步掌握的。这种训练一般包括以下要点：

创造图像。图像化阅读策略并不等于视觉阅读训练，这里的图像更倾向于一种场景。根据阅读内容形成于脑海中的场景不仅仅包括视觉方面的形状色彩，还包括听觉、味觉、嗅觉、触觉等更多层面。场景中的元素越丰富越精细，也就代表着学生对所读内容的理解越深入，记忆也会越深刻。

分享图像。对于同一段文字材料，每个人的背景知识不同，关注点不同，构想出来的图像也就各有侧重。学生可以和同学、父母分享自己想象出的图像，找一找自己的图像里有没有遗失什么重要内容。

鼓励有个性的图像。学生的想象基于他们自己的生活经历，总会带有一定的独特性，这种具有个性的图像是应当鼓励的。因为如果学生能成功地将自己的人生经历与阅读内容结合起来，阅读材料对他而言，一定很有触动，印象也会更深刻。

综上所述，"图像化策略"指的是凭借图片、图表、图示等手段，在直观的图像与感性的文字形象之间搭建起桥梁，在研究中我们发现运用学习地图、阅读坐标图、故事情节图等能够帮助学生更加清晰地把握文本信息，更好地理解和记忆阅读的内容。

第二，图像化策略的注意事项。语文教学中图像化策略的运用为教学带来了生机与活力，使得原本枯燥的教学变得生动活泼，原本零散的知识点更具结构化与网络化，这样不仅可以调动学生参与学习的主动性与积极性，而且有利于学生对文章的整体把握，更加有利于培养学生的思维能力。这正是推进语文教学改革，实现有效教学，促进学生全面发展的重要手段。但在运用过程中要注意以下方面：

首先，多元化。图像化不再局限于某一特定信息传递方式，而是要融合图片、符号、色彩、线段、数字等，信息更加多元化。这样更能引发学生思维的多向性，更加有利于学生兴趣的激发与思维的培养。

其次，个性化。学生是鲜活的生命个体，因此，在设计与运用图示时也不能局限于固定形式，而是要体现学生的个性化特点，让图示成为学生展开个性化学习的手段，以引导学生创造性地学习和富有个性化地发展。

最后，适应性。不是所有的课程内容都适合画图示，要根据文本的需要来选择，图像化只是为了帮助理解，建立在学生的需求上。图像化教学模式融入了传统语文教学中的语文能力训练，但其中的"画纸""画笔""颜色""形状"，容易让部分学生分散注意力，在教学中应注意把握"语文"本质。图像化策略模式的语文课堂，追根究底就是语文课，在把握课文的同时要以培养学生的语文能力和提升语文素养为根本。

第三，图像化策略的实施方式。

首先，学习地图。"学习地图"可以很好地帮助学生掌握图像化策略。"学习地图"源于思维导图，又叫心智图。思维导图是表达发射性思维的有效图形思维工具，它运用线条、符号、词汇和图像，把一长串枯燥的信息变成彩色的、容易记忆的、有高度组织性的图解，建立记忆链接。

"学习地图"的模式。在探究"学习地图"的使用中，有以下基本模式，具体见表4-3。

表4-3 "学习地图"的模式

主要模式	具体内容
并列式学习地图——气泡图	并列式学习地图用于描述事物的性质和特征，帮助学生学习知识、描述事物。在并列式结构的文章中，各部分内容间没有主次轻重之分。因此，学生可以段落为单位，梳理出关键点，再进行平行连接
递进式学习地图——流程图	递进式学习地图能帮助学生弄清先后顺序，明白层层推进的关系。小学语文教材中有很多课文呈板块分布，内容清楚明了，流程图恰到好处地体现了故事情节发展的关系
对比式学习地图——维恩图	对比式学习地图能帮助学生对两个事物做比较和对照，找到它们的差别和共同点。维恩图又名范恩图，图中两个圈表示子集合，中间的集合就是共同兼具的内容，两边则表现不同的地方
循环式学习地图——网状图	循环式学习地图能直观地呈现知识点间的反复循环的关系，并能清晰地展现知识层层反复的形成过程
变化式学习地图——心电图	写人记事的课文和故事，情感变化线是始终贯穿课文的明线或暗线。变化式学习地图能帮助学生理清情感变化，透析变化的原因，能较清楚地把握文章的主要内容及主旨。心电图运用几种色块、几根线条，把看不见的心情"视觉化"，清楚表达作者情感变化的过程
分类式学习地图——树状图	分类式学习地图主要用于分组或分类。树状图能很清晰地展示主题，特别适合在复习中使用，能帮助学生整理和归纳一些知识

主要模式	具体内容
归纳式学习地图——鱼骨图	归纳式学习地图用于相关性的一组事物进行归纳统整，能引导学生将一个主题的多篇文章进行对比阅读，把看似无序的信息通过整合对比，提升为系统化的知识。鱼骨图则以鱼身为主题的相关内容，进行发散，不断把新知识纳入（鱼翅），形成知识的系统性
论证式学习地图——意见桌	论证式学习地图适用于寻找支持观点的 N 个证据。意见桌的桌面就是想表达的观点，桌腿则是学生要寻找的强有力证据

"学习地图"的阶段。上述都是思维导图的最基本模式，教师还要鼓励学生在学习完每一种模式后自主创造，如"蝴蝶式学习地图""荷花式学习地图""火车式学习地图"等，让学习地图变成一幅幅美丽的图画，进一步激发学生探究的欲望，培养学生的结构性思维。学习地图比起简单的思维导图更让学生喜欢，而且在探求和完成各种富有童真童趣的学习地图样式时，学生的学习兴趣会得到空前的激发，达到欲罢不能的境界。在阅读教学中如何绘图、用图，可以尝试对学生进行三个阶段的训练，见表4-4。

表4-4　阅读教学中绘图、用图的阶段

主要阶段	具体内容
抓关键，聚核心，学习要点概括	学习地图依赖于学生对文本内容知识点的正确理解和合理吸收。"学习地图"只是一种外在形式，学生对文本内容的理解、学习和正确把握才是基础。因此，抓住关键词句，聚焦核心内容，并在文本基础上进行有效的信息提取、加工显得尤为重要。可以先从画圆圈图、气泡图、火车图入手，一步一步教会学生画并列结构地图的方法。如教学《香港，璀璨的明珠》一课时，可以让火车带领小朋友去旅游，指导学生用火车式学习地图将课文的主要内容概括出来 当然，在学习地图的绘制中，关键词句起着不可忽视的作用。教师还要与学生梳理找关键词的方法：①在写景文章中关键词从时间、地点、内容（即写什么，有什么特点）等方面去查找；②在说明文中，关键词比较明显，一般为各段所介绍的内容；③在写人文章中，根据"人、地、事"三要素来概括；④而在写事文章中要抓住事情的六要素：时间、地点、人物、起因、经过、结果。抓住关键词句，也就把握了文章的核心 绘制学习地图只是完成一半，最重要的还是要引导学生根据学习地图来概括大意，通过输入、输出的过程，有效地训练学生概括主要内容的能力。这样，可以通过抓关键词句、聚焦核心内容，学习"要点概括"，引导学生初步领悟如何运用"学习地图"的方法

主要阶段	具体内容
找联系，学梳理，进行思维训练	寻找联结是绘制学习地图和培养结构思维的关键。教师应及时对零碎、分散的知识进行梳理和总结，帮助学生抓住各个知识点之间的联系，从而形成网络化的全景图，并在头脑中形成清晰、简明、直观的知识结构体系。因此，在学生已经初步掌握画学习地图的方法后，教师可将第二阶段的策略目标确定为：找联系，学梳理，进行思维训练 首先，借助学习地图，进行文脉梳理。学习地图是列提纲的一种有效方式，对于引导学生揣摩段落或篇章的文脉思路是很有帮助的 其次，借助学习地图，进行内容探究。运用学习地图，能够引导学生有效地进行内容探究活动，使学生对文意的把握能够轻快而顺畅地实现 最后，借助学习地图，发展思维的深刻性。童话运用幻想的表现手法讲述最贴近儿童生活的故事，唤醒学生对真善美的体验，故事性和审美性是童话的重要特点。利用学习地图探索发现童话故事的写作和审美特性，可以有效解决在阅读学习中"只见树木，不见森林"的问题，有助于促进学生思维由表及里、由浅入深。"鱼骨图"式的学习地图以故事主旨为鱼身，将相关的事物进行归纳统整，不断把新知识纳入（鱼翅），把看似无序的信息通过整合对比，提升为系统化的知识
讲运用，重迁移，实现读写结合	"读文"为吸收和学习作者的谋篇布局的方式，"作文"为表达，能触发学生的联想，对原文进行模仿、借鉴或创新运用。如学完《美丽的小兴安岭》一课，完成本课的学习地图，课后可以设计《美丽的……》这个作文练习，模仿课文的结构进行篇的训练。学生确定习作对象后，可以依据地图绘制方法，抓关键词，理清写作思路，即明确以下问题：文章可围绕哪些方面来写；写作顺序有哪些；哪些详写，哪些略写；各部分之间的关系如何等

其次，阅读坐标图。阅读坐标图是一种能有效提取阅读信息的图像化阅读策略，它借用直角坐标系，将阅读要点或关键词摘录下来，以帮助学生提取信息、理解文本、深化记忆。绘制阅读坐标图的过程，实际是阅读和思考的过程，是由"文"到"图"的过程。随着阅读坐标图的绘制、修改与完善，阅读之翼渐渐丰满，阅读理解渐渐深入，阅读能力渐渐提升。

阅读坐标图主要包括：①承接型。承接型的阅读坐标图，指的是根据事件的发展和人物的成长，提取关键词加以梳理，这样便于理解文本和感受人物的变化。②对比型。对比型的阅读坐标图，指的是根据事件或人物的前后变化，提取分化点的内容进行记录，以达到对比的效果。③图表型。图表型的阅读坐标图，指的是对文本中重要的数字、图形进行提取，并按一定顺序进行记录，以达到分析的作用，其主要运用于说理文和说明文。

综上所述，在教学中使用阅读坐标图的阅读策略，能有效提高学生提取和处理信息的能力，培养学生的梳理能力和读文的省察能力，能有效提升学生的阅读能力。阅读坐标图作为一种将阅读过程和思考过程具体化、直观化的方法，运用于阅读教学中，能够让学生在阅读时掌握方法，把握主线，提升思考技巧，发展学生的阅读能力，从而使学生的学习力得到全面提升。

最后，故事情节图。在阅读一本书的初期，学生容易先受形象的吸引。小学阶段的学生形象思维大于抽象思维。运用图像化阅读策略，能引导学生阅读时展开丰富的想象，将文字描绘的场景在脑海中形成具体的形象，再用图画的形式再现书中的情境，受到学生的喜爱。

（三）小学高段学生的语文阅读能力培养

小学高段是小学学习的最后阶段，也是学生阅读情感体验形成的关键阶段。高段的阅读重在分析、评价文章的内容与思想，并运用从阅读中习得的知识丰富自己的阅读经验。因此，小学高段的阅读能力培养应致力于提高学生阅读的评价运用能力，学生要学习的阅读策略应有利于提高阅读的评鉴能力和运用创新能力，由"文字性阅读""解释性阅读"逐步过渡到"批判性阅读""创造性阅读"。基于以上认识，小学高段阅读能力培养核心策略研究的重点应该为"比较策略"和"批注策略"。

1. 小学高段学生阅读能力发展的特点

小学阶段是学生学习语言、发展思维、提高能力非常重要的时期。学生在这一时期，基本完成了由"学习阅读的方法"向"通过阅读进行学习"转化的重要阶段。小学高年级阶段是小学学习的最后阶段。随着对小学教育的不断适应，这一时期的学生无论是在生理上还是心理上，都比初入学时的儿童稳定，且已经初步形成了一定的学习态度，开始认识到学习是一种义务，出现了意识较强的学习动机。在注意方面，学生的有意注意逐步发展并占主导地位，注意的集中性、稳定性、广度、分配、转移等方面都较低年级学生有不同程度的发展。在记忆方面，有意记忆逐步发展并占主导地位，抽象记忆有所发展，但具体形象记忆的作用仍非常明显。此外，小学高年级学生情感的内容进一步扩大、丰富，他们开始能主动地从某件事情、某段文字、某句话中获得一些独特的体验和感受，因而在阅读教学层面，这一阶段也是学生阅读情感体验形成的关键阶段。

在现有的阅读能力方面，小学高年级的学生已经具备了一定的思维能力和阅读能力，也掌握了一些阅读学习方法，能通过阅读来理解、欣赏和评价文本，能够借助网络等平台搜集、处理、交流文本信息，认识世界，发展思维，并获得正确的审美体验。但是，无论是阅读能力还是阅读需要掌握的一些方法都需要不断强化和培养。

2. 小学高段阅读能力培养的核心策略

在小学语文阅读中，低段的核心阅读能力为语言理解能力，中段的核心阅读能力为内容概括能力，高段的核心阅读能力为思想感悟能力。从这一阅读能力层级的发展来看，中低段的阅读重在理解、感悟、概括文章的语言和内容，而高段的阅读重在分析、评价文章的内容与思想，并运用从阅读中习得的知识丰富自己的阅读经验。因此，小学高段的阅读能力培养应致力于提高学生阅读的评价运用能力，学生要学习的阅读策略应有利于提高阅读的评鉴能力和运用创新能力，由"文字性阅读""解释性阅读"逐步过渡到"批判性阅读""创造性阅读"。基于以上认识，可以把小学高段阅读能力培养核心策略研究重点定为"比较策略""批注策略"。

（1）比较策略。"比较"一词在《现代汉语词典》中的基本解释之一，为辨别事物的相同属性异同或高低。合理的比较包含比较对象、比较点、比较对象间的联系三个因素，内涵丰富而复杂。但从基本内涵可清楚地知道，"比较"存在于思维活动中，是一种认知方法。运用"比较"这种方法与思想进行的阅读活动，我们称之为"比较阅读"。比较阅读，是指在阅读过程中，围绕一定的学习目标，针对某个文本材料（或是字词、句段，或是内容、形式，或是作家、风格等），联系与之相关的内容，从不同角度、不同层次进行比较，经过观察、分析、综合、概括，重新加以排列组合，使之在头脑中形成新优化信息群的思维过程。正是在阅读过程中将"与之相关的内容"不断进行比较、对照和鉴别，阅读者不仅思想更加活跃，认识更加充分、深刻，而且能看到"相关内容"的差别，把握特点，提高鉴赏力。从这一意义上讲，比较阅读是一种积极主动、层次较高的研究型、鉴赏性阅读。

另外，阅读策略就是阅读者为了提高阅读的效果和效率，有目的、有意识地制订有关阅读过程的复杂方案。根据其上位概念的推衍，我们认为比较策略指的是阅读者为了提高阅读的效果和效率，运用比较这种方法与思想将两种或多种材料对照阅读，通过比较、分析同中求异或异中求同，经过一个由表及里、由现象到本质、由特殊到一般的思考认识过程，从而达到阅读效果的一种阅读策略。

比较策略运用于阅读教学活动并非特意为适应新课程改革背景的新奇创造，而是对我国古代传统教育方法的继承和完善。运用比较阅读的方法进行教学在我国有着十分悠久的历史，大约可追溯到先秦时期。

早在先秦时期，我国第一篇教学论专著《学记》就曾对比较法有过专门论述："古之学者，比物丑类。鼓无当于五声，五声弗得不和；水无当于五色，五色弗得不章；学无当于五官，五官弗得不治；师无当于五服，五服弗得不亲。"这一连串类比，深入浅出，充分说明了教师教学时要善于运用类比法，发展学生的抽象思维，提高学习效率，使之触类旁通。

比较阅读法始见于朱熹的著作中。《朱子语类》卷十九："先看一段，次看二段，将两段比较，孰得孰失，孰是孰非。"朱熹在阅读中，也曾通过比较唐代两大散文家韩愈和柳宗元的文章后，这样评价他们的散文特点："韩退之议论正，规模阔大，然不如柳子厚较精密。"这就是从结构和气势上比较的。清代学者比较了《水浒传》中的鲁智深、史进、李逵、武松、阮小七、焦挺后，这样写道："水浒传只是写人物粗鲁处，便有许多写法，如鲁达粗鲁是性急，史进粗鲁是少年任性，李逵粗鲁是蛮，武松粗鲁是豪杰，阮小七粗鲁是悲愤无处说，焦挺粗鲁是气质不好，且不论这些分析正确与否，但从性格特点相近的人物中找出差异却是事实，这种分析体现了作者认识问题的深度和广度。"以上两位学者均是运用比较阅读的方法，抓住了人或物的本质特征，其理解之透彻，凸现出比较阅读的优势。

在日常科学研究、品味鉴赏文学作品时，作为一种研究性阅读方法，比较阅读同样能帮助我们准确理解、认识、区分事物，发现新的事物。它在学术研究中已经得到广泛运用，并显示出了独特的功能。俄国著名化学家门捷耶夫，就是用了这种方法，在阅读元素中比较排列元素，从而发现了元素周期表。

语文比较阅读教学可谓由来已久，比较法作为语文教育研究和语文课堂教学的方法之一，近年来更是备受关注。许多语文教育教学期刊如《语文教学通讯》《语文学习》等都曾开辟过比较阅读专栏，主要刊载教师的比较阅读研究成果。

第一，比较策略的注意事项。

首先，选择有效的阅读策略，不能为比较而比较。无论采用何种阅读策略，只有最适合、有效的，才是最好的。比较阅读只是阅读方法和策略的一种，不能因此而忽视其他阅读方法。在比较阅读的整个过程中，应根据个人的实际情况，灵活运用多种阅读方法，尤其要注意仔细研读材料。研读有利于分析材料的异同，发现材料之间的细微差别。阅读中，要随手做好必要的笔记，以便对照检查、分析鉴别。比较阅读中的笔记形式，可以用表格的形式，也可以用文字叙述的形式，要灵活运用。有一些文本并不适合比较阅读，或者与其他阅读方法相比不占优势，一般不建议采用比较阅读的方法。

其次，重在深化思维、培养能力。比较，自然可以辨美丑、明是非、知好恶、识优劣。然而，小学阶段的比较阅读，最重要的不在比出高下、品出优劣，而在于：通过比同，使事物的共同点得以强化，使知识系统化、条理化；通过比异，使事物的个性得以凸显，使视野得到开阔。比较是使思维深化的重要手段，比较贯串于阅读思维的全过程。在对材料做比较时，思维必须有条理性，特别是做宏观比较时，应有比较的侧重点。总而言之，比较能实现锻炼思维、培养能力的目的。

再次，确定比较的范围，选好角度。比较的范围和角度的确定由阅读的目的来决定。随着阅读目的的千差万别，阅读的比较形式自然也就各有不同。比较，要找出阅读材料中

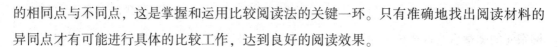

的相同点与不同点，这是掌握和运用比较阅读法的关键一环。只有准确地找出阅读材料的异同点才有可能进行具体的比较工作，达到良好的阅读效果。

最后，注意比较点的选择，因人而异。因为生活环境、性格特点、认知经验、语文素养等方面的差别，同一个比较点，不同人对它的理解、接受程度大不一样，效果自然也就大相径庭。因此，选择怎样的比较材料、内容、角度、方法，一定要符合学生的实际情况。一般而言，"字、词、句"的比较各年级都可以做，但按照由易到难的规律，低年级"字、词"的比较会多一些，中年级"句、段"的比较多一些，而高年级则侧重"段、篇"的比较。

比较阅读，让我们的眼光更深邃，思考更深刻，见解更独特。比较阅读的价值，不仅在于比较这一方法本身的价值，还在于：将厚书读薄，将薄书读厚。拓展课堂容量，将学生的视野从课内引向课外，从一篇文章引向一本书，加大阅读量。恰当地运用比较阅读的方法，让学生长期坚持在比较中阅读，同中求异，异中求同，必能发展学生的阅读、评析能力，发展学生的比较、思考能力，这也将为学生将来的可持续发展奠定良好的基础。

第二，比较策略的运用方法包括增删法、置换法、图表法、勾连法和假想法。

增删法：指在阅读文本中增加或者删去某些词语、句子、语段等，以便与原文进行比较探究的方法。采用增删法进行比较探究，学生不仅能提高炼字炼句能力，而且能加深对课文内容的理解，深刻领会作者蕴含在字里行间的情感，同时也能习得遣词造句的方法和技巧。

置换法：是将阅读文本的某个词语、句子，换成另一个意义相近的词语、句子，或者改变语段的顺序，与原文进行比较探究的方法。

图表法：是将阅读文本中的相关内容或关键性词语摘抄下来，通过画图或列表进行比较探究的方法。图表法可以将事物的特点和它们之间的异同，直观形象地呈现在学生面前，同时又给学生留下清晰、深刻的印象。

勾连法：是在阅读文本时，就文本中某个知识点勾连出与之相关的已经学过的知识或者课外知识，并进行比较探究的方法。

假想法：是引领学生凭借自己的阅读经验和写作经验，假想出与阅读文本相关的某些内容，进而与原文进行比较探究的方法。

（2）批注策略。在阐释了"比较策略"的概念后，我们理解"批注策略"这一概念会更容易些。在语文课的课堂上，经常会说到"不动笔墨不读书"，"动笔墨"就是"批注"的形象化说法。直白地讲，批注就是在文章中的空白处用笔写上对文章的批评和注解，它是我国文学鉴赏和批评的重要形式和传统的读书方法。

批注式阅读由我国传统语文中的评点式阅读发展而来，分属现代教学论范畴和古代文

小学语文教学与传统文化的融合研究

论范畴。批注式阅读是指在阅读活动中，阅读者将自己的所思、所感、所感以符号和文字的方式，在文中及文章空白处进行标记和书写，用来帮助理解阅读内容和深入思考的一种阅读策略。

第一，批注策略阅读的注意事项。批注给了学生潜心会文、涵泳语言、独立思考的时间，有助于提高学生的独立阅读能力。但在阅读中使用时，容易出现"批什么""怎么批"等不明确的问题，且由于批注具有很大的开放性，往往导致批注内容的随心所欲、批注方法的泛化，从而降低了批注效力。因此，在运用批注策略的时候要树立以下三个意识：

首先，选择意识。就理论而言，批注策略适用于各种阅读材料，而在现实阅读实践中存在许多问题，其中耗时问题尤为突出。鉴于此，对于批注式阅读需有一种选择意识，即并不是每种文体都要使用批注式阅读，并不是每篇文章、每本书都要使用批注式阅读。实践探索中需要先搞清楚为了什么而批注，再确定批注什么。换言之，必须有明确的批注目的和批注内容，再根据不同的阅读目的和内容选择批注方法。选择意识的引入意在强调"因地制宜"的思想，将批注策略的自主性与开放性的特点最大限度地与阅读需求相融合，同时考虑到阅读者对于该方法有不同程度的把握，先易后难，循序渐进，有的放矢。

其次，问题意识。批注的方法虽有很多，但作为小学生带着问题进行批注更有利于提高阅读效率。引入问题意识让思考方向带有一定的指示性，避免信马由缰地盲目批注。批注式阅读的效率高低取决于问题设置得是否合理。问题的本质是指示性的，它能集中阅读者的精力开掘文本价值信息，越明确越合理的问题越有价值，相反大而空或小而精的问题很难有效利用批注达到阅读目的。

最后，交流意识。同一个阅读材料阅读的感受是千差万别的，极具个性化，在批注这种"直接、感性、瞬间"的文字感悟中，难免出现异读、误读现象。异读、误读有可能是错误，更有可能是对文本新的理解和发现。这就需要通过阅读者之间的交流来实现对阅读理解的深化，对批注是否有价值进行判断。因此，运用批注策略应树立把分散的批注"集中"起来进行分析、思考，或与他人进行讨论。

第二，批注阅读策略的使用方法。批注是目前小学中高年级阅读教学中较常采用的学习方式，但在教学实践中，却存在批注方式单一、效率低下；批注内容雷同、浮于形式；反馈评价不当、缺乏指导等现象，这些现象的存在与传统"批注"的影响、阅读能力培养取向偏差及教师教学策略失当不无关系。在批注阅读教学中，应不同批注方式、视角、评价相结合，做到因文而批、因需而批，从而提高学生的批注能力，提升学生的思维品质。它不仅是一种阅读方法，更是一项思维的训练，一种智慧的启迪，有利于培养学生自主阅读的独特体验，加深学生对阅读文本的理解和思想感悟，是一种"真"阅读。

二、小学语文多元文体的阅读能力培养

（一）寓言文体的阅读能力培养

"寓言，即将一个深刻的道理寄托在一个简单的故事中以达到劝诫讽刺的目的。"寓言作为一种文学体裁客观存在，在语文教学中占有一席之地。回顾这几年的教学研究，我们更多地关注小说、说明文、散文等文体的研究，面对篇幅短小的寓言却有所忽略，觉得它太短，内容又简单，一读就明白，没有研究深度。但我们面对的是一个可塑性极强的群体，小学生的世界观、生活态度、情感、思维等都还未完全形成，而寓言正是可以运用的一个载体，通过一个简单的故事，用诙谐的、有趣的语言去浸润学生的心灵，能帮助他们形成健康的人格以及正确的价值观。

"寓言"，即"寓意于言"。"寓"就是包含、寄托的意思。把一个深刻的道理或教训寄托在精练生动的故事里，就形成了寓言。寓言故事是以假托物或自然物为对象，用拟人手法来说明深刻的道理。换言之，寓言指的是用象征与讽喻手法表现深邃道理的一种文体。

在小学语文课本中，寓言体裁的课文是比较多的，有中国寓言，如《郑人买履》《刻舟求剑》《自相矛盾》《揠苗助长》《画龙点睛》《井底之蛙》《叶公好龙》等；有外国寓言，如《狐狸和乌鸦》《狼和小羊》《狐狸和蝉》《狐狸和葡萄》等。描写人物的，称为"人物寓言"，如《刻舟求剑》《郑人买履》等。有通过人物、动物之间的对话，来揭示寓意的，称为"动物寓言"，如《酸的甜的》《井底之蛙》等。这些寓言，大多数来自《伊索寓言》，通常是通过动物的故事折射人类世界。

1. 寓言文体的深刻寓意

寓言是寄托着深刻含义的短小故事，有鲜明的艺术特征。寓言的文本特点主要是：一是寓言的主题（寓意）；二是寓言的譬喻（即"故事外衣"的设计）；三是寓言的艺术形象（新颖程度和概括水平）；四是寓言的语言（简练的口语、短小精悍的篇幅）。其中，正确揭示寓意是核心。寓言具有寓意性，且这些寓意对学生的价值引导又具有两面性，因此，面对寓言这种文体，语文教学应该采取怎样的姿态是相当重要的。一般而言，寓言教学以学生读懂故事为表，理解寓意为里，联系实际为真。

2. 寓言文体的主要特征

寓言的"寓"，是寄托的意思，而"言"则是故事。寓言，寓之于言，就是把要说的道理寄托在所讲的故事里，用假托的故事来阐明道理，来对人们进行劝谕、教育或讽刺。故事契合孩子的兴趣与心灵，常常或明示或暗含着成人世界所欲传达给孩子的做人做事的

道理。寓言的这种桥梁与连接价值，决定了小学语文教材不会放弃它，会给它一定的份额。寓言的基本特征可以从以下三方面体现：

（1）故事简短通俗

第一，寓言故事内容通俗易懂。寓言故事可读性强，不论读者文化层次高低，都能通过简朴的故事明晰其中的道理。从寓言产生的背景及发展看，寓言起源于民间，它是劳动人民口头流传的故事，具有口语化，因此，它更接近人们的真实生活，能反映人们内心的想法，也更容易被人们接受。

寓言是叙事性文学中篇幅最简短的一种，它的故事内容一般简洁而短小，往往是从生活或自然之中截取一个精彩片段加以呈现。因此，寓言篇幅都较短小，有的只用三言两语就把要阐明的道理或讽刺对象的本质揭示了出来。寓言最初产生于民间，民间寓言的题材多取自生活或者自然，并且内容比较简单，因此就比较易懂。中国古代寓言多为文人、作家所创作，内容相对来说要丰富一点，采用的是书面语，读者要具备一定的阅读能力才能理解，如先秦两汉时期的寓言。现当代的寓言，比较注意儿童的心理特点，故事叙述生动有趣，人物形象也比较丰满，但仍保持了寓言简洁短小的特点，如杨啸的《蜗牛的奖杯》。

第二，推进层次简要。寓言作为口头流传的故事，如果篇幅太长，于讲者而言不易讲述；于听者而言，时间久，容易产生听觉疲劳，觉得冗长乏味。寓言语言简洁、精练，但表现力极强。寓言故事一般没有比较深刻的背景交代，几乎没有铺垫性的环境描写。人物关系安排比较简单，往往只安排一个或两个主要的人物形象。对非主要的人物，则喜欢处理得比较模糊一点，中外寓言大都如此，如《牧童与狼》中的村民，《自相矛盾》中的"有人"。寓言故事内容简单，人物比较少，因此，故事的推进层次也就相对比较简要。如《守株待兔》，故事主要分两个层次：一是意外捡到撞死的兔子；二是等撞死的兔子而荒了田地。

第三，寓言故事多为虚构。寓言故事是有情节的，而构成故事的情节来源于自然界中的人、事、物，世间万物均可成为故事中的形象，这些形象在人们丰富的想象力中孕育，通过夸张、比喻、拟人等表现手法的作用，以劝诫的道理为主旨，故事性强，引人入胜。不少寓言故事以动物为主角，采用拟人化的手法，这无疑是寓言虚构特征的最直接表征。有时，同一种动物在同一位作家笔下也可能表现出不同的性格或言行特征，不同动物也可能被赋予差不多的思想性格。因此，阅读寓言必须注意故事的虚构性，就具体的寓言文本做具体分析。即使是以楚国人、宋国人等作为人物展开的故事，也不能当作历史故事来读，那只是作者为阐述道理方便所假托的故事角色。

（2）故事寓意深刻

寓言以其短小的故事或讽刺或劝诫，让人在愉悦的笑声中明白深刻的道理，言已尽而意无穷，让人回味，发人深省。无论是民间寓言，还是作家创作的寓言，都是针对某种处事行为乃至人性的缺陷的，寓含的道理比较深刻。有的寓言侧重深刻的哲理，具有教训性，如《守株待兔》告诫人们决不能把偶然出现的事情当成必然的规律；有的具有讽刺性，如《狐狸与葡萄》讽刺了自己办不成事却借口说时机未成熟的现象。在虚构的简短的故事中，寓言会着力凸显其荒谬之处，即与常理常情相悖的地方、矛盾的地方，来达到警醒读者、劝谕世人的目的。如《揠苗助长》中，主人公觉得禾苗长得慢，就往上拔苗；不合常理，显得荒唐。读者就在这荒谬乖张之处理解了事物有其自身发展规律的道理，违背了这种规律，不仅会适得其反，而且会引出不良的后果。

（3）故事意在劝谕

绝大多数寓言都具有讽刺意味，这是加强其教育性和社会劝谕功能的需要。能使读者豁然开朗的寓言，虽然言语中有嘲讽的意味，但是其用意却在劝人向好。

3. 寓言文体的阅读原则

寓言的阅读教学过程应当遵循两大原则，以此更加准确地把握寓言的教学内容，这两大原则分别是"语文味"和"寓言味"。语文课程中的寓言课，首先是语文课，因此，寓言课先要有"语文味"。语文味体现在：①对语言文字等基础知识的学习；②必须注重语文综合素养的提高；③语文活动的开展。

小学阶段的语文学习离不开字词的学习，离不开语句的训练，更离不开段落篇章的把握。小学阶段的语文学习是听、说、读、写能力全面兼顾、综合发展的过程。一线的语文教师在语文课的寓言教学中时刻不忘落实掌握字词、句段等主要学习目标，大方向的把握是对的。然而，不忘"语文味"并不是掩盖"寓言味"。作为一种独特的文学体裁，寓言在语文课堂上的独特价值和魅力应该被广大一线教师所认识并突出。在课堂阅读教学环节中突出"寓言味"应做到以下三个方面：

（1）不忘寓言的文体特点，掌握寓意是重点。寓言是通过拟人、比喻、夸张等手法虚构的故事，讲述道理，它具有故事性和寄托性双层结构。因此，寓言课教学不可能撇开故事性，如果只学习它给人的教训，那语文课等同于思想品德课；也不能撇开寄寓性，只了解故事情节，舍本逐末；而应该视寓言的故事性与寄寓性为一体，还寓言文体的本真，注重通过寓言的故事性去分析它寄托的道理。

（2）研究故事形象，分析故事情节，深入感受寓意，这个过程是展示"寓言味"的重要环节。在这个过程中，教师要紧紧抓住"譬喻"这一关键词。"譬喻"是将故事与寓意，将虚构与现实连接在一起的桥梁，是寓言的奥秘所在。寓言通过譬喻将形象、故事和道理连接在一起。教师带领学生理解"譬喻"的过程，正是感受寓言的奥妙的过程。这也是寓言课堂不同于其他课堂的关键点。因此，语文课要体现"寓言味"，从形象到故事再到道理，逐一分析，环环解扣的过程不可忽视。

（3）拓展延伸，发掘资源，训练到点，提高素养。寓言的学习不能仅仅停留在对原来寓意的理解上。随着时代的发展，当初创作时寄托的寓意有的已经不适用，当然，有的寓意仍然闪烁着智慧的光芒。因此，寓言教学应该在原意的基础上进行生发，内化为每一个学生心中独有的寓言体验。这个内化的过程需用到的"说一说你的感受"和"写一写"的方式，既是对个人感受的牵动升华，又是扎实的口语训练和语言积累。

4. 寓言文体的阅读要求

小学阶段的学生，年龄6~12岁不等，其形象思维占优势。好奇心是产生兴趣的内驱力，也是学习的动力。寓言故事生动有趣，情节虚构，富于变化，正切合小学生的心理特点，能满足学生的阅读兴趣。

（1）低段"寓言文体"的阅读要求

第一，低段阅读的教学目标：①学习用普通话正确、流利、有感情地朗读课文。学习默读。②结合上下文和生活实际了解课文中词句的意思，在阅读中积累词语。借助读物中的图画阅读。对于低段学生的阅读教学，重点在于让学生练习朗读，积累运用词句，通过有趣的故事训练表达。

第二，低段寓言教学的目标。从对寓言文体的认识来看，寓言有些类似于故事类文本，它包括人物、情节、道理三个要素。对于低段学生而言，可用四个词来概括故事类文本的教学目标，即语感、复述、创编、品格，具体指：①利用故事富有韵律的语言，培养学生的语感；②利用故事跌宕起伏的情节，培养学生复述的能力；③引导学生想象，培养学生的补白能力；④引导学生学习寓意，培养学生良好的品格。

当然，这四个要点并不是要在一堂课中全部呈现，而是根据学生的学情，有所侧重、不同程度地渗透。对于低段学生而言，寓言教学和故事教学一样，重点应放在读故事、讲故事上，通过阅读积累运用所学词语。

（2）中段"寓言文体"的阅读要求：①反复揣摩语言的节奏、故事情节的变化以及故事人物说话的语气、语调，从而让学生感受寓言的趣味性和文学性；②引导学生在归纳推理中明白寓言故事所蕴含的寓意，从而进一步提高学生阅读寓言的能力；③引导学生由此及彼，从语言的内容发散开去，再借助相似的寓言，让学生概括和推理出寓意，促进学生概括能力和逻辑思维能力的发展。

对小学低段学生而言，重在指导其感知寓言故事，感受人物形象。学生进入中段后，已具备了一定的阅读能力和学习能力，能够自主阅读比较浅显的寓言故事，感受寓言中的形象。此时的寓言教学可以把寓意的理解作为目标，重在讲述与推理。

（3）高段"寓言文体"的阅读要求。学生进入高学段后，抽象思维逐步得到发展，

第四章　小学语文阅读教学与传统文化的融合

并具备了一定的逻辑分析能力，浅显的故事内容已经无法满足他们的阅读需要。此时引导他们概括寓言的情节、分析寓言的结构，则能够进一步激发他们的阅读兴趣，促进他们抽象思维的进一步发展，提高寓言阅读的品质。因此，高学段的寓言教学，应当引导学生关注寓言故事的结构方式，引导学生进行寓言结构的阅读与分析，读出寓言作品的特点，品出寓言作品的魅力，让学生从阅读理解走向阅读鉴赏，同时以寓言文本为例，引导学生学写寓言，进行语言的实践运用，以进一步提升学生的语言表达能力。

5. 寓言文体的阅读方式

寓言有很高的德育价值，有利于学生思维的发展，有利于学生展开丰富的想象，同时还具有很高的美育价值。具体到语文素养方面，寓言在阅读方面也有很大的资源开发价值。

读是理解的重要阅读方式，它是连接故事与学生之间的纽带，要让学生走进故事，应该先让他们充分地阅读故事。

（1）朗读。纵观现在的语文教学，课堂上强调思、辩、写，缺少了一种声音，那就是最朴素、最本真的学生的朗读声。我们常常呼吁回归语文本真，读就是本真，出声的朗读可以让学生走进人物的内心，倾听人物的对话，甚至把自己也当成故事中的角色，感同身受，从而更准确地理解故事的意蕴。

（2）角色对读。读可以是放飞自我地大声朗读，也可以分角色对读。理解不同角色时，分角色朗读既可以激发学生阅读的兴趣，也可以帮助学生体会不同人物的性格特点。在教学实践中，我们发现不论是低段、中段还是高段的学生都非常喜欢这一阅读方式。

（3）默读。默读是一种无声的阅读方式，学生在读文的过程中不受声音的干扰，只有视觉的冲击，在视觉冲击下，学生的思维开始活跃，能独立思考。这种阅读方式更适合高段的学生，因为他们已经具备一定的自学能力，抽象思维能力高于低段的学生，他们有自己的见解。

（4）对比读。在教材的编排上，低段多为单篇；中高段多为寓言二则，多篇同时出现。根据教材编排的特点，针对高段学生可以采用对比阅读教学，让学生通过对比两篇文章的内容与表达形式去发现二者的异同，训练学生的思维能力。

（二）说明文体的阅读能力培养

说明文文章不长，但层次清晰，结构完整，以说清楚、讲明白为原则，在遣词造句中极少用渲染、铺陈的手法，往往采取简洁明确的方法。同时，说明文中会有不少表示时间、空间、数量、范围、程度、特征、性质、程序等的词语或句子，其内容均为经过现场勘察或反复验证的结果，凡是涉及的数据都是准确无误的。当然，介绍科学知识的说明文，都会特别注重科学术语的准确使用，这就体现了说明文语言规范性的特点。说明文的说明态度是严谨的，精确之处往往用数字加以辅证，如果没有准确的数据，一般会用"大概""可能""左右"等词语来表明。说明文的说明顺序是严谨的，不会出现倒叙或插叙一类的写作手法。说明文的说明方法更是严谨的，例如，小学中常见的说明方法有列数字、举例子、做比较、打比方等。

科学教育，不只是理工科教育工作者的专利，也是从事说明文教学的语文教学界人士的职责。说明文本身就是产自自然科学与社会科学知识的，具有科学普及价值。让小学生学习说明文的原因在于，除了让他们了解与掌握说明文这种文体以外，自然应让他们接受相应的科学教育熏陶。这也正是说明文与众不同的教育价值。

将说明文中渗透的科学知识、科学思想、科学方法、科学精神及科学信念等挖掘出来，展示给学生，让他们受到潜移默化的影响，这就充分体现了说明文的科学教育价值。

从本质上来看，说明文阅读教学就是教学者引领学习者求解文中的专门知识及其科学原理。阅读说明文，实质就是在作者的带领下学习科学知识，了解科学原理，弄懂科学道理，认识科学事物，接受科学教育。相应地，教学生阅读说明文，也就是带领学生通过作者的述说与介绍，帮助学生最终学到相应的科学知识，掌握相应的科学原理，懂得相应的科学道理，认清相应的科学事物，接受相应的科学教育。这是说明文教学的基石，也是说明文教学的骨肉。

语文教学在发展语言能力的同时，也发展思维能力，激发想象力和创造潜能。学习科学的思想方法，逐步养成实事求是、崇尚真知的科学态度。说明文是说明事物或事理的。因此，在教学说明文时，不仅要引导学生在探究科学知识的过程中，学习科学的思维方法，还要逐步养成求真的科学态度。通过说明文的教学，拓宽学生的认识领域，提高他们对客观事物或事理的认识能力以及分析综合的逻辑思维能力。不论课文所反映的是哪一方面的事物、事理或科学知识，都要帮助学生从认识事物的广度和深度上开阔眼界，使他们的认识领域为之拓宽。此外，教师在教学过程中应培养学生具有独立阅读简单说明文的能力，即掌握阅读说明文的方式，能够通过认真阅读准确地获取信息，把握说明的要点。值得一提的是，教学说明文，除了引导学生弄清课文介绍说明的那种事物的特征、本质之外，还要注意引导学生学习并运用作者说明事物的方法。

第一，低段（1~2年级）的具体要求。针对低段说明文的教学，应结合上下文和生活实际了解课文中词句的意思，在阅读中积累词语，培养学生关心自然和生命，对感兴趣的人物和事件有自己的感受和想法，并乐于与人交流的语文综合素养，其中就包含了对学习说明文的要求。

第二，中段（3~4年级）的具体要求。针对中段的说明文教学目标和内容部分，学生阅读说明性文章能掌握要点，了解文章的基本说明方法。

第三，高段（5~6年级）的具体要求。针对高段说明文的教学，学生阅读新闻和说明性文章，应能把握文章的基本观点，获取主要信息。阅读科技作品，还应注意领会作品中所体现的科学精神和科学的思想方法。

（三）实用文体的阅读能力培养

语文学习的主要指向是学习语言文字的实践与运用，而语用最基本的因素自然是"实用"。语言文字的运用能力是在实践中学习与提升的。作为教师，指向语用的有效做法，应该是创设现实的情境，并组织每位学生参与到有效的语文实践中去。从小学语文的课程目标与内容看，现行小学语文教材中实用性文体占主要位置，是落实"语用"的重要部分。

文体，即文章作品的话语体式和结构方式。依据不同的视角，文体分类标准很多，体系更是十分庞杂。全面把握文体的体系与类别，是大多数小学语文教师不可企及的。从教学的实际需求出发，根据小学语文的内容目标与教学特点，基于现行教材的选文要求与编写结构，可以将课文大略分成两类文体：文学类与实用类。作为母语学科的语文，文学类文本的教学固然十分重要，而为语言学习打基础的小学语文，实用类文本的教学应占据举足轻重的地位。

1. 实用文体的类型划分

就大范围而言，实用性文本可分为以下两大类：

（1）应用文。应用文是日常工作和社交中常用的文体。小学语文教材中选入的应用文都符合小学生的生理、心理特点，贴近小学生的生活实际，并能在生活中有效运用，解决实际问题。

（2）非连续性文本。非连续性文本是以不同的方式组织材料，需要读者采用不同的策略，进入文本并获取信息，建构意义。相对于以句子和段落等组成的连续性文本而言的阅读材料，多是以表单构成文本，依据格式的不同，一般包括单一的图与表等文本，如车票、导游图、时刻表等；内含图标的综合性文本，如产品说明书、调查报告等；与信息相关、包含图表在内的多种形式的文本集群；以某一指向为目的的多种内容资料，如地图、时刻表等；短信、插入图标的连续性文本、绘本、连环画、阅读碎片等。

2. 实用文体的主要特性

（1）应用文的文体特性

第一，实用性。应用文是在日常生活或工作中逐渐形成的一种文体，这就决定了实用性是其本质属性。应用文不仅要说清楚这个问题，而且要明确提出解决这个问题的具体意见、办法，直接为解决现实问题服务。其从内容和形式两个方面都全面地体现了实用性。应用文的写作目的非常明确，就事论事，开门见山，直奔主题。这样的内容也就决定了应用文的行文结构和体例是固定的，以便于直接简单地表明其目的。

第二，真实性。应用文属于实用文的一种，实用文体要求文本的真实性，这就与之前我们谈到的文学作品有本质上的区别。文学作品中的艺术创作源于生活，又高于生活，允许有一定的想象、夸张的描写。但应用文必须是以事实为依据，不允许任何虚构、夸张、想象。因此，真实性就成了应用文最核心的特征。在真实性方面，应用文有严格的要求：选材要真实、表达要真实。应用文的选材一定是生活中发生的真实事件，不能凭空想象，更不能虚假杜撰，表达的需求也要一定是真实的。

第三，规范性。应用文在长期的使用过程中，经过人们的不断改进和完善，逐步形成了较为固定的结构模式和言语特色，有了大致的写法和统一的要求。因此，无论是应用文的体例，还是语言都必须是规范的。

第四，简约性。应用文力图用最少的篇幅将所涉及的内容用最精练的文字表达清楚、准确，已达到满足陈述主体需求的目的。

（2）非连续性文体的特性

第一，直观性。非连续性文本是由表、图构成的，文字较少，可分解复杂的问题，并将它以简洁的形式表达出来，因而视觉效果比较直观、简洁。读者可以迅捷地筛选、整合及提取文本中的重要信息。

第二，实用性。非连续性文本具有很强的社会实用价值，广泛地应用在社会生活中。通过阅读，人们可以便捷地了解社会、获取信息，并解决日常生活问题。

第三，关联性。非连续性文本更能突显信息与信息之间的关系，有助于读者从整体把握信息。例如，在突显信息的对比关系时，表格、图形等非连续性文本要比用句段文字构成的连续性文本更能让人一目了然。有些非连续性文本具有很强的视觉效果，可以将抽象的关系视觉化。

第四，主体性。通常我们在阅读连续性文本时，都会跟随文章的脉络进行。换言之，就是顺应着作者的思考流程而进行。因此，有人形容连续性文本具有"故事性"和"说服性"，会牵引读者的思维。实际上，读者在故事中只能获得作家对生活的理解，而不是自己对生活的理解。每个人都有不同的思考方式和表达方式，若顺从他人的思考方式，自己就无法自由地思考。

3. 实用文体的阅读策略

（1）应用文的阅读策略。应用文重在实用，是为解决日常生活需要服务的。因此，培养学生准确获取信息、明确写作意图的能力，是实用文体教学的首要目标。写作意图是文章的统帅，在文章的构建中起着主导作用。一篇应用文的材料如何取舍，结构如何安排，语言如何运用，表达方式如何选择，都要根据写作意图来考虑。针对应用类文本的文本特征，可以从筛选信息、理解信息和运用信息三个层面来把握文章的写作意图。首先，引导学生快速阅读文本，准确筛选信息，初步感知文章；其次，细读文本，揣摩重要语句，深入理解重点信息，把握文章主旨和作者情感，进而运用文中信息，分析解决生活中出现的类似问题，引发学生对生活的反思。

实用类文本与文学类文本相比，有一种相对固定的格式和程序化的语言。格式是应用文构成中不可缺少的因素。应用文的格式一般包括开头、主体、结尾、过渡和呼应五个方面。应用文教学，要教给学生规范的应用文写作格式。教学时应根据"感知—理解—应用"的原则来讲清各种应用文的格式。

第一步：①指导学生学习范例，感知并掌握要领；②对照范例引导他们读懂说明的文字，并做简要说明；③让学生展开讨论，总结出格式、写法。

第二步：在学习了解教材内容的基础上，指导复述应用文的写法要点。

第三步：尝试练习、实践、运用提高。学以致用是应用文教学的一条重要原则，反复练习是写好应用文的重要途径。

语文的外延是生活，应用文作为一种实用文体，和生活的联系更为紧密。我们在生活中、工作中都离不开应用文。应用文教学，必须实现从读到写的有效链接。

（2）非连续性文本的阅读策略。在小学教材中，有些文章说明性强、比较抽象，但在教材中这类文章往往以文字的形式呈现，学生理解有难度，需要配合补助性图片来加强对语言文字的理解。在教材中，非连续性文本最常见的呈现形式就是插图。

插图与连续性文本的有机结合能有效地再现文本意境，深化文本主旨。结合与教学内容相关的插图，能有效引导学生多维度感受，多元理解文本。"非文"作为信息的载体，直观、简明、概括性强，易于理解。学生将文本信息非连续性化，一方面能提高其提取、概括、运用信息的能力；另一方面，在这种文本转化的行为中，学生的思维不再是直线式的单向思维，而是放射式的多向思维，极大地增强了思维能力。

三、小学语文阅读能力的层级结构培养

一般而言，小学语文阅读能力通常分为文本类阅读能力和相关类阅读能力两个部分。文本类阅读能力又被细分为知识阅读能力、理解阅读能力和探索阅读能力；而知识阅读能力往往是比较浅显易懂的，学生通过机械记忆的方式对文章中的生僻字字音、词语的内部含义进行学习，能够提高自身的阅读把握能力；而理解性阅读能力和探索阅读能力就属于阅读中比较深层次的内容，需要学生对文章进行深入理解和思考，才能领悟其深刻含义，

这一部分内容是当今学校学生比较缺乏的一项能力，教师为了提高学生这一能力，就要开展有针对性的教学活动。

就当今我国校园教育模式而言，教师应该提高学生的阅读能力、理解能力以及探索能力，进而帮助学生更好地理解语文阅读知识内容，以此提高学生的学习效率。由于阅读是一项比较复杂的学习内容，小学生在阅读文章的过程中，要结合多种思维方法和阅读方法进行学习。但是，在传统语文教学过程中，教师往往将精力放在了讲解课文内容及分析生僻字、复杂句子让学生进行机械记忆上，对于阅读的方法和思路则是一带而过，这就导致了学生在阅读阶段往往只积累了一些生僻字词和名人名句，对于文章内容的理解和探索性的阅读并没有深入开展，起不到提高小学生阅读水平的目的。根据这一现状，教师要从提高学生的阅读能力入手，深层次提高阅读内容的层级结构，在做好知识性阅读教育的基础上加强学生的理解能力和探索水平，帮助学生提高综合阅读能力，为学生日后的学习打下坚实的基础。

（一）小学语文阅读能力层级结构培养的现状

1. 读书教育内容有待新颖

以往的阅读教学往往是以读书教育为主，在这种教学背景下，小学生学习和阅读能力的培养，主要是为了应试。例如，学生每天都会围绕各种教辅资料进行做题练习，而日常往往只是机械地重复作业内容和相关习题训练，并没有时间和精力进行课外读物的阅读。此外，学生节假日的时间由于被其他补课内容占用，课外阅读更是比较缺乏。

2. 教学方式需要创新

以往的教学方式存在单一、固化的不足，难以吸引学生的兴趣，也难以提高教学效率。因此，在当今新课改的背景下，为了更好地帮助学生提高阅读水平，就要科学地完善学生的学习方式。

（1）搭建新型的语文阅读教学体系，让教师改变以往课堂内阅读知识的讲授，弱化教学过程中训练与应试的内容，以此提高学生对阅读作品的感悟和要求，使学生日常注重阅读素材的积累。这样一方面可以增强学生的语感；另一方面也能提高学生的语文素养。

（2）加强学生思维的延伸能力。语文教师要在阅读的过程中帮助学生提高自身的归纳水平、分析水平和类比水平等，让学生根据课文的内容主动观察、思考并加以想象。在目前语文教学的过程中，要加强学生思维能力的培养，对于学生的创造力要予以格外的重视。

（3）有效采取多元化的丰富性教学方法，结合新课改的要求，将课堂的主体地位交还给学生，搭建以学生为中心的课堂主体环境，这样才能让学生更加投入课堂的学习过程，进而提升知识的汲取能力。同时，教师也要采取全新的教学模式，如采取翻转课堂和小组讨论等方法，有效激发和调动学生的学习潜能和积极性，进而有效规避复杂的机械训练模式，帮助学生提高语文学习能力。

（二）小学语文阅读能力层级结构培养的策略

1. 构建开放性的阅读教育模式

以往我国采取的应试化语文教学方式较为封闭，在这种封闭式的教学过程中，学生对于阅读的功利性较大。学校应该倡导开放式的阅读模式，拓宽学生的视野。例如，可以加强学校图书馆的建设，增设专门的阅读课程，以此帮助学生提高学习兴趣，让他们养成良好的学习习惯，同时，潜移默化地培养学生的阅读方向。在传统教育的大背景下，很多学生的学习兴趣往往受到一定影响，不仅起不到帮助学生提高阅读能力的目的，还会破坏学生的读书和阅读习惯。教师要在倡导学生阅读的同时，加强对于学生阅读内容的指导。

开放式教育模式从性质上而言是为了提高学生的阅读兴趣和阅读能力，并不是为了学生升学或应试而准备的。这种教学模式不仅能够丰富学生的阅读知识，同时也能培养学生的阅读思维，开阔学生的眼界。这两种教育模式存有明显区别：一是传统教育具有较强的功利性和固定性，没有考虑学生持续的个性需求和兴趣爱好，而开放式读书教育的阅读内容则是学生自发选择的，具有积极性、自主性，学生能够根据自己的喜好自由选择阅读内容，并从中有所收获；二是传统的阅读模式让学生的思维受到局限，学生往往在上课过程中单一概述课文内容、总结中心思想，并不了解文章的真实内涵，而开放性的阅读教育可以让学生感受相关文学作品的经典内容，从中领略文学作品的魅力及文章的内涵和智慧。诚然，传统的读书阅读模式在教育过程中不能被轻易否定和全盘抛弃，要通过将传统与开放式阅读相结合，更好地开展教学。

2. 提高小学生的语文阅读技巧

阅读内容作为语文学习最重要的组成部分，对于学生语文素养的培养起着不可替代的作用。尤其小学阶段是学生阅读的基础阶段，掌握这个阶段的阅读对学生整个学习生涯的阅读水平有着重要影响。阅读策略是一种综合性的学习方式，通过语文阅读不仅能够提高学生的识词量，同时也能让学生领悟学习内容的深刻含义，加深对文章内容的理解和认识。在教学之前，教师要通过新颖的教学方式，如读、说、评、讲等多种教学方法，来提高学生的学习积极性，帮助学生养成深入学习和深入阅读的习惯。

3. 丰富小学阅读的教学活动

阅读能力的培养是循序渐进的，并不能一蹴而就地完成。除了课内的学习之外，更重要的是要增加学生对课外读物的兴趣，从而增加学生阅读知识的储备量。例如，可以在班级内部设置图书角，订购一些书籍和杂志等，让学生利用下课时间有选择地阅读。同时，也可以组织相关的阅读主题班会，让学生之间充分交流社会热点，帮助学生培养摘抄、摘录和积极思考的习惯，每周定期为学生布置一些阅读作业，帮助学生更好地养成主动阅读的习惯。

综上所述，在小学阅读学习阶段，要想更好地提高小学生的阅读能力，加强其层级结构的培养，教师就要在帮助学生在阅读内容中掌握基础知识的基础上，着重培养学生阅读的积极性和主动性，帮助学生进行阅读素材的积累，使学生认识到阅读的重要性，从而实现语文阅读教育的真正意义，以助学生日后更加全面地发展。

第五节　小学语文阅读教学中传统文化的渗透

一、小学语文阅读教学中传统文化渗透的意义

"中国传统文化汇集了中国几千年的文化精华，是中华民族的文化瑰宝，其中包含了大量的经典作品。在语文教学中融入中国传统文化，不仅可以提升学生的语文素养，还可以对学生的人生观与价值观的塑造产生深远影响。因此，在小学语文阅读教学中融入中国传统文化具有非常重要的意义。"①

第一，有利于提升学生的文化素养。语文是基础学科，具有很强的人文性。语文教材里包含了大量的中国传统文化的内容，如古诗词、神话传说等，学习这些内容，可以提升学生的文化素养。另外，中国传统文化中包含了很多有趣的典故，如水滴石穿、亡羊补牢等，这些都可以激发学生的学习兴趣，为提升语文教学的效果奠定基础。

第二，有利于传承和发扬中国传统文化。在小学语文阅读教学中融入中国传统文化，可以让学生感受古人的智慧，产生民族自豪感，进而主动承担传承中国传统文化的重担，更好地弘扬中国传统文化。

二、小学语文阅读教学中传统文化渗透的路径

第一，挖掘教材中的中国传统文化。小学语文教材中有很多内容都是与中国传统文化相关的。教师在开展语文阅读教学时应深入挖掘教材中的中国传统文化，带领学生感受中国传统文化的魅力，激发学生学习中国传统文化的兴趣，实现中国传统文化的传承与

发展。

第二，基于学生的实际情况融入中国传统文化。目前，在语文阅读教学中，由于部分教师选取的与中国传统文化相关的延伸内容未能很好地结合学生实际，导致阅读教学与中国传统文化融合的效果并不理想，甚至有的学生对中国传统文化形成了枯燥、难懂的印象。因此，小学语文教师在阅读教学中选取相关内容时，应先对学生的学习情况进行了解，如学生对中国传统文化的认知水平、兴趣点等。在此基础上结合教学内容选取与之相适应的中国传统文化，这样不仅可以加深学生对教学内容的理解与掌握，同时，还可以激发学生学习中国传统文化的兴趣，实现中国传统文化与语文阅读教学的有效融合。

第三，灵活运用各种教学方法：①创设情境加深中国传统文化体验。创设教学情境是当前教学中最常运用的教学方法，能够帮助学生更好地理解与掌握知识。由于小学生的知识积累薄弱，在学习中国传统文化的相关内容时存在一些困难。对此，教师可以将中国传统文化与情境教学融合在一起，这样不仅可以将中国传统文化与现实世界相连接，引发学生的联想，还能让学生在学习中国传统文化时有深刻的情感体验。在小学语文阅读教学中，中国传统文化学习情境的创设可以采用音频、视频、角色扮演等形式，这样创设的情境贴合学生的认知水平，便于学生理解。②运用群文阅读实现知识拓展。在小学语文阅读教学中，采用群文阅读的方法不仅可以将相关知识呈现给学生，让学生对作者、创作背景等有更深入的了解，实现知识拓展，还可以通过群文对比对中国传统文化进行更深入的解读。因此，在小学语文阅读教学中，可以选取与中国传统文化相关的主题开展群文阅读，以此实现中国传统文化的有效渗透。小学语文教师在阅读教学中运用群文阅读的方法开展教学活动时，在同一主题下，群文的选择可以是课内文章，也可以是课外文章，抑或选取作者不同时期的文章。

第四，在拓展活动中融入中国传统文化。课堂教学时间有限，因此，小学语文教师将阅读教学与中国传统文化在课堂上进行深度融合存在一定难度。对此，教师可以将阅读教学与中国传统文化的融合延伸到课外拓展活动中。

第五章 小学语文个性化写作教学与传统文化的融合

第一节　个性化写作教学与传统文化融合的依据

一、个性化写作教学与传统文化融合的理论依据

（一）写作理论依据

钱理群教授在《语文教育门外谈》一书中指出："说"与"写"是一种表达，是与"他者"（社会、他人、自然）的交流与对话，是从内心到外部世界的发散。写作对于人的精神、思维、生存还有另外一个意义，即"自我丰富与发展"的过程。人正是通过说与写将自己朦胧模糊的思想、情感、心理感受、体验清晰化，对零星、残缺的思想片段进行修正、补充、发展，使其具有完整性与逻辑性，将纷乱无序的思想进行系统化、有序化，将原发的、处于相对粗糙形态的思想、感受、体验、心理外化为精美的语言与结构，呈现出一种文化。因此，作文训练从本质上来说，是对人的训练。

将传统文化应用于小学语文写作教学中就是在"对人的训练"的意义上，把作文看作学生的心灵成长和文化建构的一种方式和过程。在立体的教学环境中，用文化熏陶学生的精神，营造具有文化气息的校园环境，加强作文教学的文化内涵，把源于生活又高于生活的文化内容纳入当前写作教学的内容之中，才能有效提高小学生的个性化写作能力。

（二）教育学理论依据

20 世纪六七十年代兴起的现代人文主义教育倡导教育以人的"自我实现"为目的，推崇人的个性得到和谐发展。早在文艺复兴时期，人们就开始倡导的人性解放和自由发展，反映在教育领域就是人文主义教育观，它一方面主张教育者必须尊重受教育者的人格和价值，确立其主体地位，调动其积极性和能动性，使教育变为受教育者的内在需要；另一方面主张应发挥教育者对人的发展的积极促进作用，扩大教育内容，增强教育内容的科学性和现实性。

在个性化写作教学中渗透优秀的传统文化，提倡写作主体的回归，使作文不再成为学生的苦恼，而是让其积极主动地抒发情感、表达思想，让作文真正成为学生精神成长的心灵驿站。当前在教育问题方面我们倡导人文主义教育观，因为教育的目的主要就是成就他人人格之进步以延续文化。传统文化在提升写作主体人格内涵的同时，对我们世界、民族、地区的文化延续也有着积极的促进作用。

小学语文倡导自主合作探究的学习方式。探究性学习是指在学科领域或现实社会生活中选择和确定研究主题，在教学中创设一种类似于学术或科学研究的情境，通过学生自主独立地发现问题、调查与处理信息、表达与交流等探究活动，获得知识、技能、情感与态度发展的一种学习方式和学习过程，有助于培养学生的探究精神和创新能力。在个性化写作教学中渗透优秀的传统文化，要求写作主体通过自主地搜集和积累文化素材，表达创新性思想，并获得知识与情感的发展，有助于全面提高学生的语文素养。

二、个性化写作教学与传统文化融合的现实依据

（一）时代发展的要求

传统文化教育与小学语文教育是密不可分的，中华优秀传统文化依靠着语文教学不断地传承下去。在教学过程中，师生对于传统文化有选择性地吸收，使其不断发展并与时俱进，与时代贴合得更加紧密，成为对于当前人们有价值的文化财富。虽然时代在不断发展，但是与发展同时到来的还有人们出现的精神层面的问题。在受到外来文化巨大影响的情况下，很多人对于本民族的文化缺少认同感。如今很多学生对于中华传统文化所知甚少，有必要在小学阶段进行传统文化教育。

文化软实力是未来社会竞争的趋势，也是综合国力的重要组成部分。因此，我国当前需要逐渐加强文化软实力的建设。作为与传统文化教育密切相关的语文教育更应该把传承中华文化作为责任，让学生正确对待传统文化并对其产生兴趣。

（二）新课程标准的要求

《义务教育语文课程标准》（2022 年版）提出："语文课程致力于全体学生核心素养的形成与发展，为学生学好其他课程打下基础；为学生形成正确的世界观、人生观、价值观，形成良好个性和健全人格打下基础；为培养学生求真创新的精神、实践能力和合作交流能力，促进德智体美劳全面发展及学生的终身发展打下基础。语文课程在推广普及国家通用语言文字、增强凝聚力、铸牢中华民族共同体意识，建立文化自信、培育时代新人，实现中华民族伟大复兴等方面具有不可替代的优势。语文课程的多重功能和奠基作用，决定了它在九年义务教育中的重要地位。"可见，不管在哪一个教育阶段，语文课

程都应在传授知识的同时进行中华优秀传统文化的熏陶和感染，帮助学生形成正确的三观和拥有健全的人格，这是语文课程重要的教学目标，也是教师在进行教学设计时需要牢记的理念。

当然，仅仅进行传统文化内容的教学是不够的，更重要的是思想的与时俱进。社会进步得很快，在国家开放的进程中，各种思潮一起涌进中国社会，吸引着好奇心强烈的人们。语文课程中的优秀传统文化教育应该是以国家的主流价值观念为导向的，我们应该重视语文课程对学生思想情感所起的熏陶和感染作用，注重课程内容的价值取向，要继承和发扬中华优秀传统文化和革命传统。总而言之，语文课程不仅要进行传统文化的教育，还要将目前中国社会中的核心价值观融入其中，教育出真正能够为中国现代化建设做出贡献、为弘扬中国精神尽一份力的当代中国学生。

（三）提升学生文化素养的学情要求

学情依据主要是从学生的角度进行分析，学生目前对于传统文化的学习现状不容乐观，存在的问题较多，主要是学习兴趣不浓厚和文化素养低这两个方面。而造成这些问题不仅有社会功利评价的原因，也有学校和教师功利教育的原因，同时还包括学生的家庭影响，这些问题以及学生内心真正的诉求是我们在小学语文写作教学中融入优秀传统文化教育的学情依据。

1. 提升学生对传统文化的兴趣

随着社会经济的不断发展，现代科学和信息技术迅猛发展，新的交流媒介不断出现，给社会语言生活带来了很大的变化，对中华民族优秀传统文化的继承和语言文字运用的规范带来了新的挑战。小学生具有强烈的求知欲和好奇心，对于新事物的领悟能力也很强。

当前外国文化不断传播进来，学生还不能够分清楚哪些是精华、哪些是糟粕，小学生正处于价值观念形成的阶段，如果他们从小对于优秀文化精华不感兴趣，容易把语文学习当成一种负担，因此，在小学语文教学中进行传统文化教育迫在眉睫。

2. 提高学生的文化素养

现在很多学生都是在父母的宠爱下长大的，做事情很容易以自我为中心，很少顾及他人的感受，在班级、宿舍等集体生活的场所容易与他人发生矛盾。不会与人相处、不能够吃苦、没有团体合作的精神等问题都会影响他们今后健全人格的发展。为了提升小学生的文化素养，教师应丰富他们的精神生活，健全其人格发展，增强他们对于本民族文化的认同感。小学语文写作教学应该重视优秀传统文化教育，将中华民族五千年来不断发展的优秀传统文化传授给学生，让他们在提升自己的同时更加关注国家的发展。

第二节　个性化写作教学与传统文化融合的意义

个性化写作教学与传统文化融合的意义主要表现在四个方面，如图 5-1 所示。

> 加强文化自信，促进文化自觉

> 激发写作兴趣，提高写作水平

> 唤起文化意识，传承优秀文化

> 培育人文素养，创新民族文化

图 5-1　个性化写作教学与传统文化融合的意义

一、加强文化自信，促进文化自觉

一个民族之所以成为独立的一个民族是因为有自己的文化，当今世界国家与国家之间的竞争不仅是经济的竞争，更多的是文化领域之间的较量。民族文化有着强烈的传承性，传统文化在一代代地流传下得到传承并且相继产生影响，只要一个民族的成员在文化的传承上保持着认同，这个民族就不会消失。在漫漫的历史长河中，中华民族形成了自己优秀的传统文化，至今仍有着很高的价值。而在小学写作教学中渗透优秀传统文化，为学生提供了很好的了解与接触传统文化的机会。在写作教学中接受优秀传统文化教育有利于培养学生的民族文化认同感，有助于学生将中华民族的传统文化真正地根植于心间，增强学生的文化自信，促进学生的文化自觉。

二、激发写作兴趣，提高写作水平

将优秀的传统文化应用于小学语文写作教学中有助于小学生积淀丰厚的文化意蕴，使小学生的文章充满灵动感和人性美。在写作的过程中感悟传统文化本身就是一种美的享受，自然可以激发学生的写作兴趣。学生可以体会到情景交融的意境美，同时有助于拓展审美理想和想象能力。写作能力不仅包括学生对文章的谋篇布局能力，而且还包含学生遣词造句的能力。学生在努力打造文章极具艺术表现力的词语时，也自然会体会不同文化背景下不同词语的含义。同时，在阅读优秀文章的时候更能体会到那种句式灵动而富有弹性，以及语法对称、措辞妥帖的遣词造句之美。在个性化写作教学过程中，教师应引导学生从基础做起，做坚实的传统文化的传承者与构建者。对精彩语句、段落进行赏析和揣摩，不仅可以品味民族语言的丰富内涵和无穷魅力，而且能增强学生的文化意识，激发学生的写作兴趣，提高学生的个性化写作水平。

三、唤起文化意识，传承优秀文化

"努力实现人的发展是教育的最终目标，而实现人发展的根本是唤醒个体内部的文化意识。"[①] 文化意识对于一个人的发展发挥着极其重要的作用。对于一个国家的文化建设来说，个人的文化意识也占据着重要地位，它既是个人追求文化的内部原因，又是推动国家文化发展的重要动力。文化意识是人主体意识的核心内容，也是人主体性发展水平的重要标志。

把作文教学作为一个理解和传承文化的过程，首先要让学生明确自己的文化主体地位，让学生意识到自己是这一过程中的主体，是文化的主人，对文化有自主选择、自主判断的权利。如此，学生才能以主人公的身份来审视自己的文化素质，意识到哪些是自己所欠缺的，并主动学习和追求文化，积极地调整自身的状态。这样，学生面对文化时，不会只是将它看作简单的知识来接受，更不会束手无策，而是能理智地做出判断，做到去其糟粕和取其精华。

要培养一个全面发展的学生，教师就必须将传统文化应用于小学语文写作教学中，给予学生全面而合理的文化指引，从而全面唤醒学生的生命和文化意识。学生只有具备了清晰的主体意识，才能明确感受到生命的厚重感和价值的存在感。在写作教学中引导学生接触文化、体验文化，会丰富学生对文化的认知，有助于学生形成日益厚重的文化感，并且能够在选择、把握、理解和创造文化上更加睿智。学生越加敏锐的文化眼光以及不断提高的文化品位，反过来会进一步增强学生在写作中的文化意识，有助于全面提高学生的写作素养，增强学生作文的个性化和创造性。

四、培育人文素养，创新民族文化

在现在提倡创新的同时，我们更应该加强对优秀传统文化的重视，在继承中创新，在模仿中创新。在写作教学中，我们一定要提起学生对我国传统文化的重视，逐渐增强学生的文化意识，培育学生的人文素养。当然，这需要我们活学活用，学以致用。"胸藏万汇凭吞吐，腹有诗书气自华"，是写作教学的文化目标，也是传统文化对写作的价值。

---

① 尤连武.传统文化在小学语文个性化写作教学中的应用研究［M］.长春：吉林人民出版社，2019：68.

在小学阶段将语文教学与优秀传统文化教育更好地结合，不仅能够增加学生的知识储备，还能够提升学生的文化素养，丰富学生的精神世界，健全学生的人格。《礼记》中曾提出"教学相长"①，教师在对学生进行优秀传统文化教育的同时也是在丰富和巩固自己的知识，教师自身的文化素养也能够得到很大的提升，有着很好文化涵养的教师教出的自然不会是思想贫瘠的学生。

把作文教学看作文化理解和传承的过程能唤醒学生的文化意识，使其具有敏锐的文化眼光和主动追求传统文化的意识，使学生在思想上、心理上为文化创造做好准备。这种教学过程能够促进学生认知的发展，使其具备高质量的文化积累，有助于学生形成完整的知识结构和深厚的文化底蕴，有助于培养学生的人文素养，同时也能为文化创造做好知识上的准备，有助于创新民族文化。

第三节　个性化写作教学与传统文化融合的策略

一、个性化写作教学与传统文化融合的重点

（一）保持写作自身的文化性

文章是文化存在的一种形式，而文化是文章构成的基础，文化与文章密不可分。文章不仅能传承文化，而且在一定程度上反映了写作者的文化内涵。由写作构成的文化特质决定写作最显著的特点是与写作负载的文化打交道。文章的载体是语言，作文语言不是静态的符号系统，而是作为心理学对象的动态的、运用语言进行写作的行为及其结果，这种语言行为的结果即文章，是个体生命意识的体现，即使仅仅是表述客观现实、规律和真理，也无法避开作者的认知和态度。就整体而言，写作语言是一个人文化心理结构的外化；就个体而言，一个人的言语活动过程是他作为人的生命活动、精神活动的过程，是他实现个人意志和生命价值的过程。写作的过程就是作者借助语言进行言语活动，实现个体生命价值的过程。

从写作文化学角度，写作自身具有文化性。"写作文化"揭示了写作文化对写作行为的控制，即写作主体的写作文化是把写作知识、写作技法转化为写作能力的中介和杠杆。由此，写作学由共时写作学向历史写作学和共时—历时写作学转变。随着"写作主体论"研究的深入，在怎样才能优化写作主体的背景问题的研究中，将优秀传统文化应用于个性

---

① "教学相长"是一则成语，最早出自西汉·戴圣的《礼记·学记》。"教学相长"的意思是教与学互相增长，指通过教授、学习，不但能使学生得到进步，而且教师本身的水准也可借此提高；表示教与学相互促进。

化写作教学的理论自然就产生了。在个性化写作中渗透优秀传统文化的核心是写作的时代精神。将优秀的传统文化应用于个性化写作教学中的理念，使当代写作学的观念和方法产生了划时代的变革，获得了丰硕的成果。

（二）树立以文化作文育人的观念

文化作文的教学与写作的过程是将作文看作文化传递的过程，并且是一个个体生成的过程，这一过程不仅是学生作文技能提高的过程，而且是对学生进行情感的熏陶和人格的塑造的过程。就审美情感而言，文章的情感美是和文化作文的特征紧密联系的，作文的过程蕴含着很多"美"的因素。作文离不开鲜活生动的生活，离不开生活中形形色色的人。每一篇文章都记录了学生的生命体验和情感体验，贯注了学生不懈的情感追求。因此，教师应充分发挥传统文化的育人作用，积极在写作教学中渗透优秀的传统文化。

文化作文教学的过程就是文化理解和传承的过程，教师应引导学生一起来挖掘传统文化中的精华，使学生受到优秀传统文化的感染和熏陶，避免在写作中使情感的表达流于肤浅。在写作教学中，将深厚的文化底蕴和新鲜的时代精神恰当地结合在一起有助于引发学生的共鸣，激发学生的审美情感体验，唤起他们对美的追求和向往；有助于逐步提升学生的审美文化品位，促进学生健康情感的生成和发展。

就价值观而言，中国传统文化的价值取向体现的是一种和谐的理念，人要好好生存就要与外界保持一种和谐的关系，要让自己的行为和价值取向得到群体的理解和认同。例如，《周易》中"天行健，君子以自强不息"的厚德载物和自强不息的积极进取精神；儒家追求的个人价值和集体价值的统一；道家追求的返璞归真，主张的自由创造等都是富有民族共性、符合时代精神的优秀传统。优秀的传统文化可以帮助学生形成健康向上的价值观，树立正确的人生理想。学生受到优秀传统文化的陶冶和教育，有助于产生主动追求优秀文化的渴望，在作文的过程中，学生就会积极地修正、建构自己的价值观念。

文化作文要求学生广泛积累写作素材，考查经典古籍。我国历代流传下来的文学篇章中承载着悠久的历史文化和浓郁而真挚的思想情感。例如，《游子吟》中的"谁言寸草心，报得三春晖"表达的是感人至深的亲情；《上邪》中的"山无棱，江水为竭，冬雷震震，夏雨雪，天地合，乃敢与君绝"表达的是男女爱情；《赠汪伦》中的"桃花潭水深千尺，不及汪伦送我情"展现的是深厚的友情。这些诗句之所以流传至今，是因为它们表达的情感至真、至善、至美、至情，是我们对美好情感文化的期待和对审美价值追求的写照。学生在平时应广泛关注和积累传统文化写作素材，在传统文化的熏陶中不断提高自身修养，这样有助于增强学生的文化意识，为学生的写作打下良好的基础。

（三）认清传统文化与写作同构的关系

写作与文化是统一的，文化是写作的内容与核心，写作是传播文化的载体。文章是一种精神文化的外在显现，而这种精神文化正是文章的核心，二者血肉同构。因此，文化使文章蕴含着民族的气息和精神，从而使文章呈现出特有的气派和风格。同时，写作的过程也是传承民族文化的过程，可以使读者从中感受到灵性飞扬的民族文化精神，触摸到起伏消长的民族文化血脉。写作的过程也是遨游历史长河和探索先人智慧的过程，这个过程有助于学生体验跌宕起伏的民族文化情感，感应奔腾不息的民族文化精神。文化促进写作，尤其是民族文化使文章获得一种独有的色彩和情调。

语文是民族文化的重要组成部分，文章是民族文化的一种载体和文化传递的手段。伽达默尔在《哲学解释学》中论述道："语言根本不是一种器械或一种工具，因为工具的本性就在于我们能掌握对它的使用，而我们可能永远不可能在一种没有语言的状况下进行理解，在所有关于自我的知识和关于外界的知识中，我们早已被我们自己的语言包围。"这样的论述表明语言不是纯静态的逻辑的东西，也不是外在于人的客体。

实际上，语言是折射社会生活和人间万物的一面镜子，是记录历史和文化的活化石，但同时又是体现民族的经验、生活、意识等一切文化的因素，传达着民族文化的心理、文化情感和文化意趣。人们在习得民族语言和历练语文写作能力的同时，也在潜移默化地内化着其中所蕴含的民族文化因素和民族文化特质。因此，个性化的写作过程也是文化理解和文化传承的过程，写作的结果包含着民族文化意蕴和民族文化精神。

（四）坚持作文教学"文化"化的理念

小学语文写作教学要与文化素质教育相统一，既要提高学生的个性化写作能力，又要培养学生的文化素质，思考如何将素质教育与作文教学相结合，可以将这种新探索称为"小学生写作的"文化"化，即教会学生使用文化提升作文的文化内涵，传承文化，培养学生的文化意识。

作文不单单是语言符号，它是鲜活的生活画面，是跃动的思想、情感和生命。写作的过程本质上是人的心灵之声、生命之声，是人的愿望、情感、意志的直接表达，是人的追求、理想、思维和判断的直接体现。文章是一种文化的构成，同时文章作为交际工具和文化载体，传达的是思想和情感，传承的是文化精神、价值观念和人类的文化成果。文章的这种文化构成特性及传承功能，决定了写作不只是单纯的技术化语言训练，而是一种文化的教育过程，具有鲜明的文化特质，蕴含着丰富的、深厚的文化资源。

作文教学是以汉语为基本内容的教育活动，必须充分尊重汉语的特点以及教育传统，体现民族文化的光环和特色。作文教学的这种文化特色不仅是文本语言的文化特点，而且体现在基于主体言语实践活动的写作教学过程中。因为教学环境中的每一个主体，无论是教师还是学生，都是被文化的雨露所滋养、润泽的，主体的思想观念、情感态度、思维方式都深深地留下了一个国家传统文化的印记，焕发出独特而醇厚的民族色彩，散发着鲜明而浓郁的民族气息。因此，在小学语文写作教学过程中，教师应秉承写作教学"文化"化的理念，将优秀传统文化应用到写作教学中，不断提高学生的文化素养和写作水平。

二、个性化写作教学与传统文化融合的方法

（一）构建文化作文教学模式

文化作文的教学模式是文化作文教学的某种形式，是指值得遵循的、具有推广可能性的，并具有操作程序的教学方式。文化作文的教学模式主要关注文化作文的类型和文化作文写作的程序。下面简要阐述文化作文教学的三个模式。

1. 文献整合模式

文献整合模式是文化作文教学中最基本的一种方式。当写作主题确定之后，教师可以指导学生有效利用课程课本资源和课外资源，传统书籍资源和现代电子资源进行文化素材的收集。如以"莲文化的魅力"为主题，教师在课堂上以提醒的方式帮助学生回忆曾经学过的有关莲的诗文，包括周敦颐的《爱莲说》、杨万里的《晓出净慈寺送林子方》等。课后，教师提供多种渠道，如图书馆文献查阅、网上电子查询等，进一步扩充学生的素材库。学生经过浏览文献，整理出有效信息：南朝乐府民歌《西洲曲》、《古诗十九首》（涉江采芙蓉）、李白的《书怀赠江夏韦太守良宰》等诗词；莲的名称类别、品种分类、时空分布、个体特征、生理特征、园林用途、使用价值、繁殖培育方法等植物学知识；有关莲的歇后语等。

2. 综合活动模式

综合活动模式是学生在亲历亲为的实践活动中培养文化素养的模式，主要从三方面展开：①亲近自然，采撷乡土文化资源。亲近大自然有助于使浓郁的乡土文化扎根于学生的生活之中，可以通过文化考察的形式开阔学生的视野，使学生认识不同的文化形态。②深入社会，了解社区人文资源。教师可以引导学生通过调查采访的方式，参与社区活动，寻找写作灵感。③观察生活，捕捉动态文化资源。教师应鼓励学生留心观察生活，用眼睛去定格动态的生活，用文字去记载开放的情境。

3. 探索研究模式

探索研究模式的主体是学生，教师应创设恰当的探究情境，激发学生的探究欲望。在学生探索的过程中，教师应密切观察，适时对学生进行点拨和指导，解决学生在探索中遇到的问题。学生探索完毕后，教师应为学生创设一个交流平台，使学生通过沟通互相学习，共同进步。探索研究模式可以分成四个阶段来进行：①问题阶段。问题阶段可以由教

师根据具体的教学内容设置一个情境，激发学生的问题意识，引导学生提出问题；也可以由学生自主提出问题，自主思考。②计划阶段。在计划阶段，教师与学生共同进行人员分工，每个小组根据本小组的兴趣与特长选定探究方向，指定探究方案。③探究阶段。在探究阶段，教师指导和帮助学生通过多种渠道收集相关信息，并进行信息的筛选、统计、分析。④总结阶段。总结阶段要求学生用文字或口头表达的方式表达自己在探究过程中形成的见解，在这个过程中教师应对学生进行适当的指导，加深学生对知识的理解。

（二）树立文化作文的教学理念

教学理念是教学活动的精髓，指引着写作教学活动的有序展开。而受到考试制度的制约，很多小学生的作文往往是更精于写作技巧的钻研和布局谋篇，却明显少了文化的意味和底蕴。因此，教师应以小学语文新课标为指导，以促进学生的发展为中心，树立在写作教学中渗透传统文化的理念，使小学生的作文充满文化气息。

文化作文的教学是教师和学生之间进行文化沟通和交流的文化活动，教师应借助传统文化巧妙地激发学生的兴趣，吸引学生的注意，让学生产生接受的需要和欲望，这样才能让学生产生写作的内驱力。教师通过有效地渗透优秀传统文化的方法，能使学生受到优秀传统文化的熏陶，不断提高学生的文化意识，增强学生的文化底蕴。教师要让学生通过各种文本的文字表层对其文化内涵做深入的挖掘，从更深层次上解读文化内涵，逐步提高学生的传统文化素养和写作水平。

（三）确立优秀文化作文的标准

第一，构思上基于文化背景。文化作文构思上要将话题放在一个广阔的文化背景上去思考，用文化的视角去审视、对比，从而碰撞出思想的火花。它用文化的眼光去打量大千世界，用文化的心态去叙述或者议论自然和社会的哲理，用文化的理性去批判现实丑陋的一面，用文化的智慧表现真、善、美的价值观，用文化名人的言论事迹来展现作者的深厚底蕴。

第二，内容上承载文化精髓。中华民族有着悠久浓郁的历史文化，而文化作文正是要将中华民族优秀的传统文化表现在文章内容上，这就在主题上传承了文化的精髓。

第三，语言上散发文化气息。文化作文要让作文穿上文化的语言彩衣，用文化的笔法去挖掘文化话题，表现文化素材，表达文化精神，提升文化内涵。在具体实践中，文化作文可以将传统的修辞手法与个性手法结合，进行形式与文体上的创新运用，使写作语言散发文化气息。

第四，思想上蕴含文化精神。文化作文不仅仅停留在运用诗文、名句和历史事件的层面上，它更是将文化要素联系实际、结合自身，从文化的主体意识和文化的主体精神出发来进行创作。文化作文除了展示深厚的文化积淀外，最重要表现的是其所折射出的文化精神与人文光芒。一篇优秀的文化作文在思想上要蕴含文化精神，这样才能保证作文具有灵魂，充满个性。

（四）激发学生的文化审美需求

写作教学中的文化理解和传承活动，是最有生气和最富情趣的活动，它能激发学生的文化审美需求，能激发学生浓厚的写作兴趣。人本主义心理学把审美看作人的高级精神需要之一，认为审美是一种高级需要，美在自我实现者身上得到最充分的体现。在文化作文的写作过程中，教师要引导学生用文化审美的眼光来看待写作，用美学、历史的观点去审视文化，以提高学生对文化精华与文化糟粕的辨识能力。

在写作教学过程中，教师应选择一些文质兼美的文本，唤起学生的审美体验和审美情感。情感对人的认识和逻辑思维有一定的调节作用，情感与知识的双向交流是紧密联系在一起的。在写作教学中渗透传统文化有助于激发学生的文化审美需求，使学生披文以入情，从而产生心理上的愉悦和情感上的共鸣。教师在作文教学实践中通过各种途径作为审美情感的触发点，引导学生进行审美感受和审美体验。在这个过程中，学生要真正潜下心来，读进去，品出味，教师绝对不能越俎代庖。在传统文化应用于写作教学的过程中，教师要唤起学生的审美心理，根据审美特征激发学生的兴趣。只有激发学生的兴趣和激情，才能提起学生的写作兴趣，使其体会到美学意境，才能增强学生在写作时的文化意识。

（五）培养学生良好的写作习惯

1. 培养学生的文化意识

文化作文的写作先要培养学生的文化意识，使学生学会用文化的眼光来看待大千世界，用文化的眼光来审视话题。看炊烟，感觉炊烟是一段源远流长的文化；看黄昏，感觉黄昏是一首承载了人间沧桑的歌曲；看雨，想到"渭城朝雨浥轻尘"（王维《送元二使安西》），"黄梅时节家家雨"（赵师秀《约客》），"清明时节雨纷纷"（杜牧《清明》），想到"天街小雨润如酥"（韩愈《早春呈水部张十八员外二首》）。在写作教学的过程渗透优秀传统文化，引导学生以文化的眼光看待大千世界，有助于丰富学生的写作素材。

只有不断培养学生的文化意识，才能使学生写出富有生命力的文章。例如，古代文人以文化的眼光看待世间万物，才会李清照的叹绿肥红瘦（《如梦令》）；杨万里赏小荷才露尖尖角（《小池》）；陆游的夜阑卧听风吹雨（《十一月四日风雨大作 其二》）；张志和的青箬笠，绿蓑衣，斜风细雨泛舟垂钓不须归（《渔父》）；苏东坡的"淡妆浓抹总相宜"（《饮湖上初晴后雨》）；王勃在滕王阁上看"画栋朝飞南浦云，珠帘暮卷西山雨"（《滕王阁诗》）的美丽；苏轼在望湖楼醉听"黑云翻墨未遮山，白雨跳珠乱入船"（《六月二十七日望湖楼醉书》）的旋律。在一个有文化意识的人眼里，这一切都是美好、绚丽的过程。学生只有积淀一定的文化，才能不断增强个人素质，才能谈及文化意识和文化眼光的培养，才能探索出写作话题所蕴含的文化意义。

2. 积累文化写作素材

我们倡导的文化作文更多的是通过与传统文化的对话来表述个人对世界和生命的看法。文化作文的"载体"是传统文化，因此，了解传统文化、熟悉传统文化、积累传统文化、运用传统文化是写作文化作文必须掌握的知识和技能。中华民族的传统文化博大精深，浩如烟海，教师应引导学生了解文化长河的发源、走向、成长、辉煌与曲折、断裂，这是每个学生写作文化作文必须踏踏实实要走的路，没有速成，没有捷径。

所谓传统，是指某一地域的人群的"精神主宰"。具体而言，中国的传统文化是以儒释道三教为中心的十多种文化，包括的内容非常广泛，影响也非常深远，如传统医学、传统戏剧等民间文化；书法、山水画、剪纸等传统艺术；诗词歌赋等传统文学；儒家倡导的仁、义、礼、智、信为核心的主流文化；以民族或地域为特征的住宅、服饰、节日等组成的民俗文化；伦理文化、风水文化、姓氏文化、饮食文化、武术文化、养生文化等。

教师要引导学生广泛积累传统文化，对传统文化要有一个整体的了解，重点是阅读能表现民族精神的文化典籍，积累能表达中国文化的文学经典，这些才是文化作文写作最重要和最有意义的载体。学生只有广泛积累优秀的文化写作素材，才能为文化作文的写作做好准备，才能不断提高自身的个性化写作能力。

3. 表达传统文化精神

文化精神是文化特有的思想和内涵，是文化中基本的并不断发展的价值观念，它作为民族文化的深层结构，是民族文化的精髓。首先，汉语是汉民族文化的载体和构成部分，每个汉字都体现着一种文化精神特质，包含了汉族文化的精神和情感。我们在欣赏汉语艺术作品时，无论是诗歌、散文、戏剧、小说，都要充分挖掘其中洋溢的特有的文化精神和内涵。例如，我们在读《诗经》中"关关雎鸠，在河之洲。窈窕淑女，君子好逑"时，就要挖掘到中国第一部诗歌总集中所表达的不仅仅是爱情，更有其中所推崇的美貌和才华、品德和容貌并举的道德风尚和伦理规范，这是一种中国古代文化的道德准则和伦理观念，即淑女要和君子相配，美貌和才德是相结合的。诗歌中的"淑女""君子"表达不仅仅是一种概念，也是一种伦理规范和道德风范的概念，是一种文化的概念，是有着鲜明的文化特征和文化内涵的，是一种特有的民族文化精神。鉴赏这类文学作品时，教师要引导学生品味蕴含在其中的文化内涵，培养学生积极挖掘作品文化精神的习惯。

表达传统文化精神反映在写作方面，就要求写作者以时代精神和历史意识来审视生活，或是从现实的角度来追溯历史，或是以历史角度来剖析现实，从而揭示人们的深层心理结构中所共有的文化审美体验，叩响人们深层文化审美心理的琴弦。例如，范仲淹的《岳阳楼记》先是从现实的自然景色来写："衔远山，吞长江，浩浩荡荡，横无际涯。"由这壮美的自然景色而联想到历史，审视人生："先天下之忧而忧，后天下之乐而乐。"这就使得社会风物和个人情思想相交织，外物的美和内在的美相结合，自然景色和历史情怀相叠合，将自然、历史、社会艺术地交融在一起，并从中生发了一种深层的文化意蕴，流露出对人间世事的关怀，包含着对历史事实、生命的价值和意义以及人生真谛的诠释，富有启迪心灵的审美价值和透视人生的文化精神。

第四节　个性化写作教学评价与传统文化的融合

一、个性化写作教学评价与传统文化融合的思想

（一）个性化写作教学评价的理论基础

1. 多元智能理论

20 世纪 80 年代，哈佛大学认知心理学家加德纳所提出的多元智能理论，定义智能是人在特定情景中解决问题并有所创造的能力。他认为我们每个人都拥有八种主要智能，即语言智能、逻辑-数理智能、空间智能、运动智能、音乐智能、人际交往智能、内省智能、自然观察智能。他提出了"智能本位评价"的理念，扩展了学生学习评估的基础。他主张"情景化"评估，改正了以前教育评估的功能和方法。加德纳的多元智能理论是对传统的"一元智能"观的强有力挑战，给人以耳目一新之感。尤其是当前处在新课程改革中，大部分教师对学生评价颇感困惑之时，他的理论无疑会给我们带来诸多启示。

2. 建构主义理论

建构主义又名结构主义，它源自关于儿童认知发展的理论，属于认知心理学派，其代表人物是皮亚杰、科恩伯格和维果茨基。因为认知发展与学习过程密切相关，所以，在教学领域可以利用建构主义说明人类学习过程的认知规律，包括学习如何发生、意义怎样建构、概念怎么形成，以及理想的学习环境应包含哪些主要因素等。建构主义学习理论认为学习者需要在社会文化背景下借助学习活动获取知识，这一过程中学习者要得到教师和其他学习伙伴的帮助，利用学习资料，通过意义建构的方式获得知识。也就是说，得到知识的多少主要源于学习者根据自身经验建构有关知识的能力，不取决于学习者的记忆能力和教师的授课能力。建构主义学习理论提倡以学习者为中心的学习，但一定要在教师的指导

下进行。这一看法兼顾了学习者的认知主体作用和教师的指导作用，不仅明确了学生是信息加工的主体、是意义的主动建构者的这一角色，而且说明了教师是意义建构的帮助者、促进者，而不是知识的传授者与灌输者。

（二）个性化写作教学评价的基本原则

个性化写作教学评价的基本原则主要包括以下内容，见图5-2。

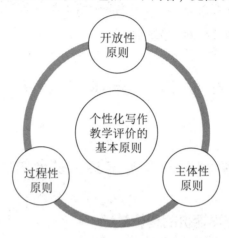

图5-2 个性化写作教学评价的基本原则

1. 开放性原则

学生写作知识的获取和能力的养成是一个动态的、发展的过程，小学语文教学中目标、进程、结果等方面因素的开放性，决定着语文写作评价同样也具有一定的开放性。首先，评价空间与时间的开放。教师要打破传统小学语文写作评价仅将评价空间与时间限制在课堂与校内的做法，要提倡开放评价的空间，将小学语文写作评价由课内延伸到家庭，甚至延伸到社会。教师要开放评价时间，打破以往课堂时间的束缚，将评价渗透到学生与教师休息和娱乐的时间。例如，教师可以灵活运用网络资源，让学生通过娱乐时间参与评价过程。其次，评价主体的开放。教师可以让更多评价主体参与到评价过程中来，如学生家长也可以参与到写作评价中来。最后，评价内容的开放。在评价过程中，教师允许学生依照实际认知和情况做出不同形式与内容的评价。只要有理有据，教师应该允许学生持有与教师不同的观点，鼓励学生大胆、主动地说出自己的看法，自由地进行表达。

2. 主体性原则

主体性原则是一种用于人对世界（包括对自身）的实践改造的原则。在语文写作评价过程中，教师要清楚地认识到教师与学生都是评价过程中的主体，有着平等的地位。同为语文写作评价的两个主体，教师和学生都要发挥自身在评价过程中的重要作用。教师要指导、教授学生关于写作方面的知识与能力，培养学生的情感、态度与价值观，同时学生也要充分发挥自身的主体地位，主动获取知识与能力，独立思考，培养自身的创造性思维，将教师的"教"与学生的"学"更加科学、有机地紧密结合在一起。心理学认为，在学生发展的各个阶段中，学生都有其独特的、区别于教师的观察世界和理解世界的形式。小学语文教师应该做到充分尊重和认同学生作为写作评价另一主体的身份和地位。教师在语文写作评价过程中尊重学生主体性的行为，就是在帮助学生在语文写作评价中确立主体地位的同时，增加他们在语文写作评价中的自主权和主动权。同时教师也在扩大学生评价的自由程度和可利用资源，改变了以往评价形式过于单一的写作评价方式，为学生自评、小组互评、师生点评，提供了良好的前提背景和课堂氛围。

3. 过程性原则

学习本身就是一种过程性的行为，评价同样也不应该成为学习的终结性行为。一个成功的教学评价永远是为了接下来的教学活动做准备而不是单单对以往教学活动的总结。评价主体在学习过程中进行评价，同时也会在评价过程中学习和发展。语文新课标规定，教师要注重写作过程中搜集素材、构思立意、列纲起草、修改加工等环节，提高学生独立写作的能力。传统的语文写作评价大多重视学生写作知识与能力的掌握，却忽视了学生掌握知识与能力的过程。学生语文素质的形成大都依赖于自主学习、主动探索的过程中，而很多教师在评价时往往忽视学生学习的过程只注重结果，这样会影响写作教学的最终效果。

二、个性化写作教学评价与传统文化融合的方法

（一）正确认识写作教学评价

1. 教师方面的正确认知

（1）教师要明确自己的"双重身份"，既是评价者，又是被评价者。在大多数教师的意识中，自己是理所应当的"评价者"，因为他们的日常工作就是要对学生的课堂表现、作业做出评价，对考卷做出评判，很少想到被他人评价，除非是不得已的公开课、学校的例行检查等。教师一定要摒弃这种认识，应勇敢地站出来主动接受来自各方的监督，学校、家长、学生和教师都可以对教师的写作教学做出评价，提出建议，让教师在他人的视角和自我审视的视角下，对自己的写作教学有着全面的认识，能及时做出教学调整和改进。

（2）教师要加强写作教学过程性评价意识，不能随大流，只对作文成品下功夫。着急达到目的地而忽视了沿途的风景，本就是得不偿失的行为。况且对于写作教学评价，若是我们放弃观察"沿途"的风景，还极有可能会"迷路"，走入写作教学的误区。教师一定要在日常教学中注重过程性评价，注意对学生在写作教学过程中的学习态度、写作动机、

写作技能的把握、习作中的问题等方面的评价。

（3）教师要树立不断学习的观念，了解教学评价的相关知识，丰富知识体系，提高教学评价能力。我们身处信息时代，语文教师的知识量、知识更新都与学生的听、说、读、写能力的习得直接相关。一位博学的语文教师总是能将自身储备信手拈来，课堂丰富多彩了，学生的思维也会随之拓宽。因此，教师应树立终身学习的理念，积极学习写作教学评价的相关知识，不断提高写作教学的水平。

2. 学生方面的正确认知

（1）摆正写作态度。写作是一种必备生活技能，是人的成长中的一种诉求需要，无论是学习、生活，还是工作，写作都是不能缺席的。写作贵在真情实感的流露，它不是机械无情的，而是从人心中流淌出的涓涓细流，是思想开出的花。学生只有端正写作态度，才能为提高自身的个性化写作能力打好基础。

（2）在教师的指导下，自觉地参与写作教学自我评价。许多学生对写作教学评价的认识是模糊的，不知道自己也是评价的一分子（这与教师的教学理念有直接关联）。学生要在写作学习中，通过教师传授写作教学评价的标准与方法，尝试评价自己的写作态度、学习动机和写作进步程度，学会评价自己的作文，评价他人的作文，能够常常反思，做出学习的改变和调整。

（3）正确对待作文修改，不仅要修改，有些有价值的习作还应反复修改。一般而言，学生对教师批阅过的习作很少花费时间回顾，但是，好文章往往是反复推敲和锤炼得来的。学生拿到作文后，要根据教师的评语和自己的思考判断如何改进。一次修改和反复修改的效果是有一定距离的，学生要勇于正视自己的习作，剖析自己的习作，这样才能发现自己习作中存在的不足，才能最大限度地提高自身的个性化写作能力。

（二）规范写作教学的评价标准

当前小学语文写作教学评价要"以学定标""以标定评"，这八个字解释的是写作教学评价标准的制定来源。"以学定标"中的"标"代表的是教学目标，"学"指的是学习结果，意在告诉从教者教学目标的制定依据就是学生的学习结果。顾名思义，"以标定评"指的是根据教学目标制定教学的评价标准。按照这一理论观点推断，语文写作教学评价标准的主要内容就是语文写作教学目标的达成情况。由于写作教学目标的设计依据是写作学习结果，我们制定评价标准时，要对可能出现的学习结果做出准确的预知。换言之，写作教学评价标准的出现是为了检测预期的写作学习结果是否达成。

所谓学习结果，可以将其分为五类，即言语信息、智力技能、认知策略、动作技能和态度。言语信息是指学习者通过学习以后，能记忆诸如事物的名称、符号、地点、时间、定义、对事物的描述等具体事实，可以在需要时将这些事实陈述出来；智力技能是指学习者通过学习获得了使用符号与环境相互作用的能力，它与言语信息不同，言语信息与知道"是什么"有关，而智力技能则与知道"怎样做"有关；认知策略是学习者借以调节他们自己的注意、感知、记忆等内部心理过程的技能，是一种自我调控内部学习过程的方式；运动技能又称为动作技能，如体操技能、写字技能、作图技能、操作仪器技能等，它也是能力的组成部分；态度是习得的、影响个人对特定对象做出行为选择的有组织的内部准备状态，它既有认知成分，又有情感成分。

学习写作无非是为了获取写作能力，而写作能力的最终习得就是写作学习的结果。从现代认知心理学角度而言，写作学习结果就是一种解决问题的能力。根据加涅的观点推断，与解决问题有关的写作学习结果包括三种：①写作言语信息，并且是有组织的言语信息，它们有助于学生理解问题，并且能够对问题进行适当的评估；②写作智慧技能，即指那些为了顺利解决写作问题所必备的写作概念、规则和原理；③写作认知策略，它们能够使学生选择适当的写作信息和技能，并决定在解决写作问题时怎样以及何时使用它。

第一种学习（写作言语信息）结果属于解决"是什么"的写作陈述性知识的掌握，后两种（写作智慧技能、写作认知策略）学习结果是解决"怎么写"的写作程序性知识的掌握。总而言之，写作能力是一个综合性能力，要求对于所写的内容有正确的理解和看法；要有清楚的思路，从而能写得清楚、明确、有条理；要有足够的语言能力，包括掌握足够的字词和写出通顺、流畅的语句的能力。

（三）综合运用多种评价方法

1. 量化和质性评价

传统的语文教学评价手法较为单一，基本上都是量化评价，通过组织大大小小的测验来评判学生在不同学习阶段的学习效果。这种方法不能评价学习的过程与方法以及情感、态度与价值观等内容，不能注意到学习过程中学生的具体需要，只适合测量语文内容知识的掌握。质性评价是针对学生的学习过程与方法以及情感、态度与价值观等内容的评价，同时也适用于语文综合活动评价，比量化评价的目光远，但更加烦琐，操作难度大。体现在写作教学评价中，我们应当将两者结合使用，在学校和语文教研组的帮助指导下，发扬质性评价，并且用量化评价作为结果评价的参考，不仅关注考场作文得分，也要关注课堂写作学习效果。

2. 过程性和形成性评价

很多语文教师把过程性评价和形成性评价认作是一种教学评价的不同表述，混淆了两种概念，其实不然。过程性评价是一种在课程实施过程中对学生进行评价的方式，它采取目标与过程并重的价值取向，对学习的动机效果、过程以及与学习密切相关的非智力因素进行全面评价，主张评价主体与客体的互动和整合。过程性评价的功能包括对学生的学习质量水平做出判断，肯定成绩，找出问题；促进学生对学习的过程进行积极的反思，从而更好地把握学习的方式方法；理解和掌握评价的方法，作为与终身学习相呼应的一个方面，实现终身的可持续发展。

过程性评价与形成性评价的本质区别在于，形成性评价是以目标作为价值取向，能在短时期内对学生的学习效果和达到教学目标的程度进行的评价，较关注知识与技能的学习成果，类似于阶段小测验，在形成性评价中学生仍旧处于被动地位。从两者的区别中我们可以看出，过程性教学评价更加符合新课标的"以生为本"理念，更加适用于当下的小学语文写作教学。根据写作教学过程性评价理念，还可以衍生出以下四种评价方法：

（1）"档案袋评价法"。档案袋的英文是 portfolio，其中文本意是艺术家或摄影家的作品集。档案袋中置放的既可以是作者在某一时期的作品，也可以是在某一个领域里的作品，还可以放置作者有关其作品的整个创作过程的资料。在教育评价领域，人们将档案袋用作评价学生的工具，通常称之为成长记录袋或成长记录。

（2）基于小组合作式的过程性评价。这种评价方式是一种正式评价与非正式评价、学习日志与评价量表相结合的方法，它体现了教学与评价的统一，这种写作教学评价方法主要就是建立"固定"的合作小组，小组成员分别担任裁判员、总结人、观察员、记录员和时间监督员，他们专属的"小组公约"，每天循环书写"小组日志"（交流合作感受、讨论某个问题、提出组员建议），相当于一个写作学习沙龙。在这种非正式的自由合作评价模式下，组员之间的鼓励、批评、呼唤、奖励、学习情况通报等都会潜移默化地影响学生的学习方法、态度和价值观。

小组合作式评价还需要教师指导下的正式评价作为另一种支撑。每个组员根据教师制定的评价用表对自己在写作学习中情感与态度、过程与方法、学习成果（包括习作、课外阅读笔记、日志）等方面进行评价；小组的其他成员则根据其展示的学习成果进行评价、提供学习建议，最后由组长综合组内互评和自评的意见，确定该组员在某一阶段的写作学习效果，组与组之间还可以进行学习效果比拼。

在这一评价中，学生能够得到多角度的审视，写作学习的过程能得到全程关注，写作的兴趣、积极性会因为合作的激励而得到显著提高，但是教师的指导必不可少。基于小组合作式的写作过程性评价对教师提出了更高的要求，不仅能提出有效的指导建议，还能够合理组织小组评价活动，为这种形式自由、开放的评价方法提供必要的方法辅导。

（3）表现性评价。表现性评价是一种让学生在真实情景境中去表现其所知所能而进行的一种评价方法，是 20 世纪 40 年代教育测量学家从心理学领域引入，并大力推广的教学评价方式，这种表现性评价认为过程和结果一样重要，它重视学生的实践能力，而不仅仅局限于了解知识。运用于小学语文写作教学中，我们可以借助它鼓励和培养学生针对感兴趣的话题撰写调查报告、研究心得、专题写作报告和即兴演讲的内容，观察和评价学生的高级写作技能和写作中体现的情感、态度与价值观。

（4）即时性评价。即时评价，顾名思义就是活动发生的同时，立即进行有针对性的评价，以期获得更好的教学效果。这种评价方式在小学语文写作教学中应当常常使用，大部分学生都会在写作训练后急切地想得到教师的评价，但限于作文批改时间较长，等待中写作学习的热情可能会有少许消磨。而若是课堂讲评中使用即时评价，不仅能够及时把评价信息反馈给学生，而且可以同时接收学生对写作学习的真实需要，比其他的评价更加直接高效。

由于参与教学活动的每一个个体都是在不断发展的，实施小学语文写作教学评价时要用发展的眼光看问题，注重学生在写作学习中发展与变化的过程。在发展性评价思想的引导下博采众长，吸纳各种教学评价方法的精华，挑选适合不同学习阶段或者不同写作主题的写作教学评价方式，综合运用各种评价方法辨别写作教学中"教师的教"和"学生的学"的效果，以不断提高写作教学的效果。

3. 终结性评价

终结性评价就是对课堂教学的达成结果进行恰当的评价，指的是在教学活动结束后为判断其结果而进行的评价，具体是指一个单元、一个模块或一个学期教学结束后对最终结果所进行的评价，这些都可以说是终结性评价。运用于写作教学领域，它的功能主要是对学生不同阶段的写作质量做出结论性评价，以给学生作文打分或者以写评语的方式呈现。这种评价方式应当与过程性评价相结合使用，注重结果，但更注重全程关注。

（四）构建多方参与的评价格局

作文评价属于后写作学习阶段，这一环节对教师的个人写作能力、写作指导能力以及语言表达的清晰度和准确度要求都很高，对培养学生的文章赏析能力和评价能力具有重要作用。

在《于漪与教育教学求索》中有一个于漪教师的作文讲评课案例（《课余》作文讲评实录），其启发问答式的评价交流，兼顾每一个学生写作心理的文题展示，以及选择几篇有代表性的习作，采取集体阅读的方式引导学生合作评价一篇习作，以集思广益的方式教会学生"怎样写更好"，一步步总结出写作中应掌握的知识，最后在作业中还要求学生根据讲评中的学习，点评自己的文章。这就说明了在小学语文教学中，多方参与写作教学评价能收到良好的效果。

因此，我们应当向语文教育探索先驱学习，研究他们在语文作文评价方面做出的突出成绩，同时也要关注近年来一些语文教育者极具创新意识的评价方法。总而言之，我们在作文评价时应当鼓励学生参与，让学生的个人评价、小组互评同教师的当堂讲评、作文评语以及家长评价相结合，实现作文评价的多元互动。

例如，学生在作文讲评中可以在教师的鼓励下，自主参与作文评价，让学生扮演"小老师"的角色，以进一步提高评价和修改文章的能力。学生必须先在教师的指导下学习作文评价的内容和方法，修改别人的文章务必要抱着互相学习、共同提高的态度，仔细阅读，认真批改。开始批改的时候，可提示从一些具体的方面进行修改，如卷面、错别字、病句、标点、选材、结构、中心、语言等。自评的方式可以采取对自己的习作撰写评语的方式提出修改建议，再交给教师审阅。教师要给出全局性的修改意见，肯定或改进其评价。互评可以是随机发放式的一对一评价，也可以是小组合作评价。在一对一交流评价中要特别留意评价细节，避免出现胡乱点评的现象，最后也需要教师统一收取进行再次观察，有问题的点评需要反馈和纠正。小组合作式评价需要小组共同评价组员习作，在其习作下留下评语，点明优势，指出缺点，提出修改建议，最后推选一篇作为班级集体赏读的对象。教师在这种较为自由的评价方式中一定要充分发挥指挥棒的作用，保证交流式评价活动的正常进行，及时发现和纠正问题，切实优化多方评价的效果。

真正有利于学生写作长远发展的作文评价就应当强调学生与学生之间、学生与教师之间、学生与家长之间的交流和相互作用，重视所有评价参与人的看法，肯定他们在评价中的作用，采用协商和对话的方式来为学生解答疑惑，这样才能促进语文作文评价健康有序地发展。只有构建多元的评价体系，才能优化写作教学评价的效果，才能不断提升学生的个性化写作能力。

第六章 小学语文教学与传统文化融合的实践研究

第一节 小学语文文言文教学与传统文化的融合方法

当前，"语文教师要认真领会教材编排意图，从教材解读、课堂教学、课外活动等方面改善文言文教学，让学生对优秀传统文化内化于心，外化于行，实现语文核心素养培育与优秀传统文化教育的相得益彰"①。

一、在教材解读中提炼与展示优秀传统文化

要把优秀传统文化的精神标志提炼出来、展示出来，把优秀传统文化中具有当代价值、世界意义的文化精髓提炼出来、展示出来。教师在教材解读中不仅要明晰文言文教学要落实的语文要素，更要梳理提炼教材中外显或内隐的中华优秀传统文化精髓，做好标志。例如，《司马光》展示了司马光遇事冷静、打破常规（逆向思维）、机智救人的美好品质；《王戎不取道旁李》通过诸儿与王戎"取"与"不取"行为的对比，发现王戎透过现象看本质的生活聪慧，感受他善于观察、推理判断的逻辑思维能力；《书戴嵩画牛》中牧童敢于指出著名画家戴嵩画中的错误，敢于挑战权威，感受牧童善于观察、实事求是的生活智慧；《两小儿辩日》中，两小儿以视觉效果和温度感知为依据论证自己的观点，感受两小儿善于观察、敢于质疑、大胆求证的学习品质和论辩的逻辑思维能力；从博学的孔子无法判断的事实中，感受孔子实事求是、谦虚谨慎的治学态度。文言文教学讲究"文道统一"，教师自己要先明道、信道，只有知"道"于心，才能在教学中潜移默化用"道"去浸润和影响学生，让学生在优秀传统文化的滋养中实现精神的成长。

二、在课堂教学中理解与传承优秀传统文化

教材中的文言文，不但是优秀传统文化的载体，本身也是优秀传统文化。学习文言文

---

① 韦芳. 小学文言文教学中优秀传统文化的传承 [J]. 教学与管理, 2022 (6): 86.

的过程，就是古汉语书面语言的建构与运用、优秀传统文化的熏陶与传承的过程。如今我们进行文言文学习，应当做到文言、文章、文学、文化四位一体，从炼字炼句处和章法考究处入手，去感受古人所载之道、所言之志。据此，教师要紧扣单元语文要素、文体特点、课后习题设计教学，以文言文的字、词、句等特殊言语形式为本位，融入"文章、文学、文化"教学，言文共生，为丰厚学生的传统文化底蕴奠定坚实基础。

（一）聚焦语言，建构文言图式

聚焦语言，建构文言图式，感受文字表达的情感思想。文言文语言精练，意蕴隽永，教师要引导学生反复诵读，读出文言节奏、读出韵味、读懂文意。尤其是在炼字炼句处、句法考究处、反复出现处，这些作者言志载道的关键点，要将诵读与会意结合，建构文言图式，引导学生感受语言文字背后蕴含的情志旨趣。

第一，研读炼字炼句处，体悟作者的情志旨趣。教师要引导学生借助注释、联系经验、展开想象，从意蕴隽永的字词句的咀嚼中，体察作者的情志旨趣，探寻文字背后的文化现象。

第二，研习章法考究处，涵养语感并传承文化。古汉语有特殊的词汇和语法系统，如名词用作动词、倒装句、判断句等，教师要引导学生在具体语境中感受这些文言知识并适当读写迁移，涵养文言语感。

例如，《司马光》的教学目标之一是学生能初步感受文言文的特点，简单说出文言文与现代文的差异。学生借助注释、插图了解了课文大意，读好停顿后，教师可引导学生思考以下问题：①"群儿戏于庭"是文言文表达方式，试着把"群儿戏于庭"改为现代文的表达。（预设：群儿于庭戏）②"庭"是什么意思？发现文言文与现代文表达上有哪些不同？（预设：文言文用一个字"庭"表达庭院，是单音节词；现代文用两个字"庭院"表达，是双音节词）③群儿在庭院里嬉戏叫戏于庭，地点换成公园里、树林里，怎样表达？（预设：群儿戏于园）④群儿除了嬉戏，还可以在庭院里跳舞、唱歌、写字，用文言文应该怎样表达？（预设：舞于庭、歌于庭、书于庭）⑤"群儿舞于庭"中"舞"是什么意思？（预设：舞是动词，跳舞）学生由"群儿戏于庭"的"戏"是动词，嬉戏，推知"舞"也是动词。举一反三的句式迁移练习，有利于学生在语境中自觉发现文言文的倒装句式，知道文言文中的一些单音节词语可以理解为现代文中的双音节词语，并能根据词在句中的位置推知词义、词性。研习章法考究处，让学生感受文言简约精练、意蕴丰厚的文化魅力，从而实现中华优秀传统文化的理解与传承。

第三，捕捉反复出现处，感受作者的情感思想。反复出现处指文言文中反复出现的句式和高频字词。引导学生捕捉、揣摩文中反复出现处，有助于学生体会作者寄托于此的情感或思想。

（二）聚焦故事，读懂故事内涵

聚焦故事，读懂故事内涵，复述故事感受小故事大智慧。

第一，依据单元语文要素与课后习题精准定位教学目标。根据单元语文要素、课后习题，确定教学目标之一为读懂故事，复述故事。

第二，引导学生抓关键语句，借助注释、课文插图读懂故事内涵。例如，《司马光》一文，教师可以引导学生抓住司马光在关键事件中的行为解读走进其内心世界。思考：在一儿"足跌没水中"的危急情况下，"群儿"与"光"是如何做的？他们是怎样想的？在"众皆弃去"与"光持石击瓮破之"的行为对比中，深切感受司马光打破常规、运用创造性思维解决问题的生活智慧。学生知其然也知其所以然，才算真正读懂故事。

第三，想象补白，创造性复述故事。学生借助注释、词串、插图等支架助力，先自述故事，要求按一定顺序复述清楚完整（起因、经过、结果），积累内化语言。接着，同伴互讲故事，想象补白，加上人物神态、语言、动作助力讲清细节，要求复述生动形象，促进语言重组与创新。最后，选出学生代表班级复述故事，要求复述故事后，点评故事，探寻故事背后的文化意蕴。"内化—重组—建构"三层架构，层层递进，引导学生在简要复述、详细复述和创造性复述的实践中真切感受小故事大智慧，使优秀传统文化浸润于心。

第二节　小学语文古诗词教学与传统文化的融合实践

"小学语文是实现素质教育目标的重要课程，在语文古诗词教学中渗透中国传统文化能够帮助学生感受到传统文化的价值与魅力，使他们通过语文课堂的学习树立正确的价值观念。小学语文教师应在教学过程中帮助学生掌握正确的学习方法，只有如此，才能帮助学生实现学习的持续化发展，有效提高小学语文课堂教学的效率。"①

一、小学语文古诗词教学与传统文化融合的意义

第一，有效提高学生的学习热情。小学生对身边的新鲜事物充满好奇心，但小学阶段是学生接受事物和形成良好学习能力的关键时期。小学语文古诗词的学习难度比较大，一些理解能力差的学生往往在短时间内无法获得深入理解，需要较长的时间对这部分知识进行内化吸收，这在一定程度上也影响了学生的学习积极性。将古诗词教学与有趣的传统文

---

① 柳元丹. 小学语文古诗词教学中传统文化渗透策略探究［J］. 考试周刊，2021（41）：45.

化结合，能够有效加强古诗词教学的形象性，对激发学生的学习热情和提高他们的学习兴趣具有非常积极的推动作用。

第二，提升学生的鉴赏水平。在漫长的历史发展进程中，中国形成了很多特有的民族文化，各种文化发展交错在一起构成了中国的传统文化。语文学科是能够有效凸显中国传统文化的重要科目，尤其是在古诗词教学中渗透传统文化，能够有效提高学生的文化鉴赏能力，帮助学生更好地理解作品表达的内涵和情感，对提高小学生的语文综合素养具有重要作用。

二、小学语文古诗词教学与传统文化融合的现状

（一）教师层面

随着素质教育理念的提出，人们越来越关注传统文化的教育，教师在教学过程中渗透传统文化，能够对培养学生的情感、态度和价值观起到积极的指导意义。传统文化在古诗词教学中的渗透，更重要的作用是帮助学生更好地理解古诗词的情感内涵，逐渐对传统文化发展有自身的见解，从而在学习古诗词的过程中能够引发情感共鸣。当前，很多教师在教学过程中大多采用分解讲解式手段，没有为学生留出充足的思考时间，这不利于学生自主学习能力的提升，小学语文课程中传统文化的渗透并没有取得良好的效果。传统的古诗词教学讲解式的手段，枯燥的文言文内容往往会让学生无法获得良好的理解，他们往往处于被动的学习状态，没有真正参与到古诗词的学习和思考中，教师也没有为他们提供良好的表达机会，不利于学生对古诗词的理解。小学生思维活跃，拥有丰富的想象力和语言感知能力，教师应为他们提供有效的思考机会和表达机会，在新时期利用新的教学理念开展古诗词教学，更好地在其中渗透中国的传统文化。

（二）学生层面

古诗词的语言特点和知识结构与现代文学素材具有非常明显的区别，无论是教师还是学生，都应在各自的角度上花费较大的时间进行准备。在授课完成后学生要深入进行复习，占用部分精力来有效理解古诗词的字词释义。如果在这一过程中教师没有进行有效引导，学生对古诗词学习可能会出现困难，不能够将语文古诗词学习与中国的传统文化良好地结合到一起。随着时代的发展，我国的发展更趋于国际化，一些国外文化进入我国，也对我国的传统文化发展造成了影响。尤其是对外来文化的宣传，不利于弘扬中国的优秀传统文化，让学生在学习过程中缺乏对民族文化的认同感，教学质量不能获得提升。

三、小学语文古诗词教学与传统文化融合的策略

小学语文古诗词教学与传统文化融合的策略具体如下，见图6-1。

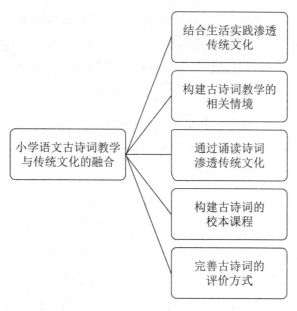

图6-1　小学语文古诗词教学与传统文化融合的策略

（一）结合生活实践渗透传统文化

小学语文古诗词教学当中所接触到的作品都拥有独特的创作背景和情感内涵，为了能够在这一过程中有效渗透传统文化，语文教师需要在古诗词教学过程中引导学生深入思考古诗词与传统文化的结合，帮助他们更好地感受到传统文化的魅力。在语文课堂中针对古诗词的内容开展实践教学活动，帮助学生构建良好的课堂学习环境，为他们创造轻松自由的学习氛围，能促进学生身心健康的良好发展，有助于引导学生体会诗歌的情境与诗人的心境，提升学生的文学修养。

（二）构建古诗词教学的相关情境

随着信息技术的发展，多媒体技术在教育教学过程中得到了广泛应用，凭借在教育教学过程中良好的教学表现获得了师生的一致认可。多媒体教学有效提高了教学内容的形象性，在语文古诗词教学中应用多媒体能够为学生营造浓厚的文化意境，帮助学生从生动立体的视频中感受古诗词的内涵，再配上特定的音乐为背景，能营造传统文化的意境，在课堂中让学生感受到了浓厚的传统文化气息。这种特定的学习情境能有效带动学生思维的发展，使他们能够深入古诗词内部进行有效解读，帮助他们全面了解了古诗词的内涵情感。

例如，教师可以利用多媒体为学生呈现古诗词描绘的画面，帮助学生有效感受古诗词

的情境，在静态的课堂环境中感受动态的意境之美，使学生能够深入诗人的思想中感受诗歌表达的情感。信息技术的应用，能够将学生带入浓厚的文化底蕴情境中，通过古诗词的学习，也能有效实现传统文化的渗透，让学生能够主动对古诗词进行探索和思考，达到了事半功倍的教学效果。

（三）通过诵读诗词渗透传统文化

诵读是古诗词学习过程中必不可少的重要环节。古诗词具有丰富的意境和独特的韵律，通过诵读能够帮助学生更好地理解作品内涵。诵读教学法的应用应帮助学生体会诗词优美的语言应用，同时在诵读过程中投入自身的情感是必不可少的，通过科学的技巧帮助学生进行良好的诵读训练，在反复诵读的过程中帮助学生领会其中的意境，使他们跨越时代与传统文化进行互动。这是渗透传统文化的重要方式。

例如，在学习过程中适当加快自身的诵读速度，突出古诗词中关键字词的重点，利用感情来呈现这些关键字词，使诵读产生有节奏、有格调的效果；如在学习杜甫的《绝句》时，要用轻快的语调来呈现朗朗的阅读感觉。教师应在教学过程中引导学生在诵读过程中丰富自身的诵读技巧，能够在诵读的过程中投入自身的情感，沉浸于作品内部，与作者产生深入的情感互通，享受诵读古诗词的感觉。诵读可以以单独个体或团体等方式进行，其目的都是为了加深学生的理解程度，领会古诗词的意境之美。

（四）构建古诗词的校本课程

语文学科具有极强的实践性，教师应本着培养学生实践能力的发展目标来为他们创设实践教学活动。开展实践活动能够提高学生掌握古诗词知识的能力，也能让学生通过实践过程得到了情感与思想的升华，增强他们的学习体验，使他们具备自主学习的思维意识。从学校的角度来分析，应更加积极地开发古诗词校本课程，使学生获得良好的古诗词学习环境，通过多种多样的课外实践活动来实现传统文化的渗透。

例如，教师可以为学生开展书笺交流会，将一些经典的古诗词书写于书笺上，让学生相互讨论和学习；也可以为学生举办一些古诗词大赛活动等，让学生在舞台上对古诗词进行朗读表演，加深他们对古诗词的印象，使他们能够对古诗词的内涵思想有更加深入的理解，同时在朗诵过程中投入丰富的个人情感，产生有效的情感共鸣。这些教学活动都是能够提高学生古诗词学习的兴趣，有效渗透中国传统文化的重要途径。

（五）完善古诗词的评价方式

构建合理的教学评价体系是提高教学水平不可忽视的环节。在小学语文古诗词教学过程中优化教学评价手段，能够提高学生对古诗词学习的信心。只有学生具备充足的学习信心，才能够更好地接受传统文化的熏陶。因此，为了更好地实现中国传统文化的传承，教师应利用有效的手段完善古诗词教学评价环节，为学生不断优化古诗词课堂教学环境。在教学过程中，教师应更加关注对学生思维能力的培养，利用鼓励的语言手段增强学生的学习信心，在课后教学过程中应给予学生足够的关注和呵护，利用多种主体相互间的评价来实现教学质量的提高。

对语文知识的学习将会影响学生的未来发展，无论在哪个学习阶段语文科目都有着非常重要的价值。尤其是新课改的教学背景下，小学语文古诗词教学引起了人们的广泛关注，其最大优势就是能够通过课堂教学帮助学生认识传统文化，使中国传统文化得以良好地传承。这也更加说明了，在小学语文教学过程中渗透传统文化的重要性，只有充分发挥教师在教学中的引导作用，才能帮助学生在语文课堂上具备充足的学习热情，积极参与教学活动，更好地吸收并理解传统文化的内涵和价值，充分提高小学语文课堂教学的效率。

第三节　信息技术下小学语文教学与传统文化的融合

我国传统文化博大精深，若想有效提高学生的传统文化学习能力，教师需要在语文教学中对学生进行日积月累的渗透。小学阶段是人生中记忆力最强的阶段，在这一阶段对学生进行传统文化教学，能让学生形成扎实的记忆，有助于提高学生的民族文化学习能力，也能确保学生更好地将我国的传统文化世代传承下去。信息技术下小学语文教学与传统文化的融合具体如下，见图6-2。

> 在信息化生字教学中融入传统文化

> 在信息化课文教学中认知传统文化

> 在信息化作文教学中体验传统文化

> 在信息化实践教学中阐述传统文化

> 在信息化反思教学中理解传统文化

图6-2　信息技术下小学语文教学与传统文化的融合

一、在信息化生字教学中融入传统文化

生字是小学生学习语文的基础内容，也可为学生后续学习语文的其他知识做好铺垫。但生字教学具有一定的枯燥性，尤其一些难度较大的生字，学生更是较难提起学习兴趣。而利用信息技术引导学生学习生字，可使生字学习变得简单，还有一部分生字本身就蕴含了传统文化，因此，利用信息技术对学生进行生字知识的传输，并对学生讲授生字中的传统文化内涵，会起到事半功倍、一举多得的教学效果。

教师可利用信息技术对具有传统代表意义的会意字进行拆分，并将这个字的每一个部首含义解释清楚，讲述每个部首及其组合后的含义。这种字形拆分的教学讲解模式，可提高学生对汉字的理解能力，在学生认知汉字知识的基础上，提高学生对传统文化的理解能力。教师也可利用信息技术为学生出示一些关于日常生活等方面的图片或视频，让学生用语言描述图片的大概内容，引出与之相关的传统文化内容，以文字的形式进行表达，提高学生的文字学习能力、传统文化学习能力，这种知识迁移的教学方式，能拓展学生的思维，提高学生的学习质量。

教师还可让学生在已经掌握的汉字知识层面，自行寻找能表述传统文化内涵的汉字，这种教师讲解、学生模仿的教学模式，可提高课堂教学效率，也可使学生在自主探究的过程中感受到学习的乐趣，并发现其中的奥秘，提高学生的语文知识学习自信心。学生也可利用信息技术，寻找一些描述现代生活的图片，寻找到与之相关的传统文化内容，并试图用最简短的文字进行描述，通过图片、文字对传统文化进行理解。

二、在信息化课文教学中认知传统文化

"语文知识的教学目的包括培养学生的道德品质及提高学生的语文知识灵活运用能力。"[1] 尤其是历史文化悠久的中华民族，更是拥有多部传世名著，这些内容都是对学生最好的教育引导工具书。小学语文教师可结合语文教材，利用信息技术与讲述传统文化的书籍进行有机融合，从多元角度提高学生的传统文化学习能力。在这一基础上，可引导学生与自身的思维意识进行融合，然后以自己的理解将传统文化的思想内涵进行描述。这种方式不仅能提高学生对传统文化的理解能力，也能提高学生的表达能力。还有一部分课文以诗歌的方式描写了景色变化，这种表述模式不仅让学生学习了古典诗歌，其朗朗上口的节奏也能激发学生的阅读亲切感，更能激发学生对生活的热爱之情，使学生在学习传统诗歌的过程中，加深了对诗歌的喜爱。教师也可利用信息技术为学生呈现四季不同的画面和

① 周兴东，杨发柱. 小学语文教学中运用信息技术进行传统文化教育的策略探究 [J]. 学周刊，2022（3）：29.

声音，刺激学生的视觉、听觉，并鼓励学生以古诗词的模式，以自己的理解方式对不同的季节进行描述，增加学生对祖国大好河山的热爱之情，提高学生对传统文化的喜欢之情。

三、在信息化作文教学中体验传统文化

小学语文学科是学生需要学习的基础学科，而作文又是语文学习的基础内容和最终目标，作文学习能力的强弱，与学生的语文知识灵活运用能力具有较强的关联性。为提高学生对语文知识的认知能力，拓宽学生的眼界，教师可在语文课堂教学环节导入民间文化，以我国丰富的传统文化熏陶和感染学生，使学生真正理解传统文化的内涵，能自发自觉地学习传统文化。教师可利用信息技术为学生呈现传统文化知识，包括我国的传统节日，让学生通过多媒体对我国所有的传统节日形式进行观看。

传统节日中蕴含了极为丰富的传统文化，而不同的传统节日又有不同的寓意。这些节日寓意其实都蕴含了极为丰富的内涵，涵盖了中国五千年的悠久文化，能确保学生对不同的传统文化内容进行认知，提高学生的民族认同感，激发学生的爱国主义情感。在这一基础上，教师可引导学生将观看传统文化视频的感性认识以文字的形式呈现出来，旨在总结传统文化的精髓，使学生对传统文化的内涵进行分层理解。教师可为学生布置主题性作文内容，让学生选择一个自己喜欢的中国传统节日进行写作。这种与学生发展相贴合的、学生喜欢的主题作文模式，能更加高效地激发学生的写作主体意识，提高学生写作的主观能动性。

在学生完成作文后，教师可将每名学生的作文利用多媒体技术进行展示。这会使班级学生看到全部作文、让学生看到不同的创作内容，体会到其他学生的创作思想，使学生品味他人的作文，感悟自己的情感。教师还应让学生在阅读过所有学生的作文后，总结出一段对传统文化本质内涵理解的话语，并以口头表达的方式进行表述，提高学生对传统文化的分析思考能力，同时提高学生的表达能力。

四、在信息化实践教学中阐述传统文化

由于小学阶段的学生思想发展还不成熟，其思维理解能力也会受到兴趣爱好及理解能力的制约，在理解传统文化的过程中思维会受到局限和桎梏，而单纯的课堂教学又较难对学生开展全方位、立体化的传统文化教学。教师可通过实践活动教学对学生进行传统文化的教学引导，以实践的模式向学生传播传统文化。

教师可将传统文化中的一些经典文章引入实践活动环节，要求学生在晨读过程中集体朗读传统文章，有效激发学生的阅读。教师也应在学生朗读后，深度解析朗读内容，确保

学生能对传统文化产生较强的认同感。教师也应注意更换朗读内容，使学生多角度理解和认知不同的阅读内容，提高学生的传统文化学习能力。教师还应让学生开展阅读比赛活动，为学生创设良性竞争的学习氛围，使学生在比学赶帮的学习气氛中，认知到更多传统文化的内涵。教师也应让学生在背诵传统文化知识后，感悟传统文化的内涵，鼓励学生在班级内阐述背诵的古文、诗歌等内容的大概含义，讲述自身的观点和认识，并对在背诵传统文化内容后产生的感悟进行描述，提高学生的传统文化学习深度，使学生的传统文化学习素养得到质的突破。教师还应利用信息技术为学生创设信息技术交流平台，让学生通过信息技术交流在学习传统文化后产生感悟，使学生在轻松、活泼的氛围中进行交流，调动学生自主学习的积极性，在提高学生语文知识学习能力的基础上，提升学生的传统文化学习能力。

五、在信息化反思教学中理解传统文化

在小学语文课堂教学环节，教师可通过信息技术对学生的学习情况进行反思，使学生了解到自身的不足。教师可为学生制订针对性较强的传统文化学习整改计划，从专业层面提高学生的传统文化学习能力。

教师可将考查学生学习传统文化的结果以知识测试、日常学习态度、学习情感、学习方法等多元化的模式进行展示，利用信息技术高效便捷的模式让学生按照分层的方式，逐一对每一个考评内容进行评价，并将每名学生的每一项考核内容进行积分。测评考查应每月举行一次，累计年底为12次，教师可将每位学生12次考查的总成绩进行叠加，并计算出所有学生的总成绩，这种以数字化模式呈现的考核结果由于涉及不同层面的考查，具有较强的公平性，也可让不同层面的学生都具有更加公平的竞争环境。这种分类别的考查以及月度加年度的总体评价，使学生能更加精准地知道自己在传统知识学习方面存在的问题，让学生对自己有更加深入的了解，并对自己的短板进行强化性自主提升。

从教师角度进行分析，教师也可根据数字化的测评结果，对学生开展反思教学，教师应综合所有学生的成绩，找到班级整体层面学生在传统文化学习中存在的认知不足，从这一个层面着重对学生进行整体性提升。对于学生个体，教师应根据学生的成绩，将在某一个层面传统文化学习能力较差的学生进行分组，然后利用信息技术为学生制订专门的教学引导计划，并在小组内对这部分学生进行专门的传统文化教学，有针对性地提高不同层面学生的传统文化学习能力，从整体层面提高学生的传统文化学习能力。

总而言之，在小学语文课堂教学环节，教师可利用信息技术对学生进行传统文化教学引导，在提高学生语文知识学习能力的基础上，激发学生的民族自豪感，并从小学阶段开始培养学生的家国情怀，增强学生的爱国主义信念。

第四节　小学语文教学与传统文化融入的
具体策略研究

一、传统文化融入小学语文教材的策略

（一）中华优秀传统文化融入小学语文教材

1. 中华优秀传统文化融入小学语文教材的原则

（1）坚持正确的价值导向，强化经典意识。遵循辩证唯物主义和历史唯物主义，秉持客观、科学、礼敬的态度，对传统文化取其精华、去其糟粕，有鉴别地加以对待、有扬弃地予以继承，突出传统文化素材的经典性。结合时代要求，衔接古今，赋予中华优秀传统文化新的时代内涵和现代表达形式，促进创造性转化和创新性发展，使其成为涵养社会主义核心价值观的重要源泉。

（2）遵循学生的认知规律，贴近学生实际。充分考虑学生随着年龄增长由浅入深、从感性到理性的认知发展特点，努力贴近学生的生活、学习、思想实际，确定不同学段的教育目标以及具体学习内容、载体形式，区分层次、突出重点，体现学习进阶，内容和形式适宜，容量适中。

（3）结合学科特点，注重有机融入。基于中华优秀传统文化与学科的内在联系，结合学科具体主题、单元、模块等，融入相应的中华优秀传统文化内容和载体形式。

（4）坚持整体设计，科学合理布局。贯通小学，使核心思想理念、中华人文精神、中华传统美德等贯穿教育过程始终。统筹各学科，确保中华优秀传统文化内容全覆盖，形成纵向有机衔接、横向协同配合的格局。

2. 中华优秀传统文化融入小学语文教材的目标

中华优秀传统文化在中小学语文教材中的育人立意更加精准鲜明，布局安排更加系统完整，内容更加科学合理，呈现方式更加丰富生动。课程教材在厚植中华文化底蕴、涵养家国情怀、增强社会关爱、提升人格修养、铸牢中华民族共同体意识等方面的育人功能显著增强，学生文化自信更加坚定。

3. 中华优秀传统文化融入小学语文教材的内容

小学语文教材主要围绕核心思想理念、中华人文精神、中华传统美德三大主题，遴选中华优秀传统文化教育内容。

（1）核心思想理念。中华民族在修齐治平、尊时守位、知常达变、开物成务、建功立业过程中培育和形成的基本思想理念，如革故鼎新、与时俱进的思想，脚踏实地、实事求是的思想，惠民利民、安民富民的思想，道法自然的思想等。传承发展中华优秀传统文化，就要大力弘扬讲仁爱、重民本、守诚信、崇正义、尚和合、求大同等核心思想理念。

（2）中华人文精神。中华优秀传统文化积淀着多样、珍贵的精神财富，如求同存异、和而不同的处世方法，文以载道、以文化人的教化思想，形神兼备、情景交融的美学追求，俭约自守、中和泰和的生活理念等。传承发展中华优秀传统文化，就要大力弘扬有利于促进社会和谐、鼓励人们向上向善的思想文化内容。

（3）中华传统美德。中华优秀传统文化蕴含着丰富的道德理念和规范，如天下兴亡、匹夫有责的担当意识，尽忠报国、振兴中华的爱国情怀，崇德向善、见贤思齐的社会风尚，孝悌忠信、礼义廉耻的荣辱观念等。传承发展中华优秀传统文化，就要大力弘扬自强不息、敬业乐群、扶危济困、见义勇为、孝老爱亲等中华传统美德。

4. 中华优秀传统文化融入小学语文教材的形式

小学语文教材反映中华优秀传统文化的主要载体形式包括以下方面：

（1）经典篇目，主要指以文献方式存在的传世作品。如文学、历史的名著名篇，科学典籍，作为欣赏对象的经典艺术作品等。

（2）人文典故，主要指经过历史检验、被人们公认、有特定内涵的人、事、言。如历史人物和故事，神话、传说，寓言、名言警句等。

（3）基本常识，主要指在传统社会形成的且构成中华民族文化基因的基本知识，如时令节气、称谓礼仪、传统节日、风俗习惯等。

（4）科技成就，主要指古代人民在科学探索、技术发明方面的突出贡献，如四大发明、都江堰水利工程、传统医药等。

（5）艺术与特色技能，主要指民族性、地域性特征非常鲜明的技能、技巧与艺术，包括以满足精神生活需要为主的技能、技艺，如书法、音乐、舞蹈、戏曲等；以手工劳动为主的技能、技巧，如烹饪、刺绣、剪纸、雕刻等；以身体运动能力为主的技能、技巧，如传统体育、武术、杂技、游艺等。

（6）其他文化遗产，主要指前述五种形式以外的传统文化遗存，如古文化遗址、古墓葬、古建筑、石窟寺、石刻、壁画等不可移动的文物和艺术品、文献、手稿、服饰等可移动文物。

5. 中华优秀传统文化融入小学语文教材的要求

语文是落实中华优秀传统文化教育的核心课程，要全面体现中华优秀传统文化蕴含的核心思想理念、人文精神和传统美德，引导学生理解和热爱国家通用语言文字，体悟中华优秀传统文化中蕴含的爱国情怀、中华精神、荣辱观念，提高审美情趣，厚植中华文化底蕴，坚定文化自信。主要载体为汉字、书法、成语、古诗词、古代散文、古典小说、神话传说、民间故事、历史故事、寓言故事、格言警句、风俗习惯、传统节日等。

语言文字既是文化的载体，又是文化的重要组成部分，能够全面体现中华优秀传统文化蕴含的核心思想理念、人文精神和传统美德。语文学习的过程就是文化获得的过程。语文课程以理解和热爱国家通用语言文字为基础，以涵养高尚审美情趣、厚植中华文化底蕴、坚定文化自信为重点，以全面提高语言文字综合应用能力为目标，在传承和弘扬中华优秀传统文化中发挥着不可替代的重要作用。

（1）小学低年级的要求

第一，从识字入手，帮助学生建立对中华优秀传统文化的认知基础。启发学生初步认识汉字形义音的关系，意识到书写工整的重要性，引领学生感受汉字的形体美，初步认识汉字与中华文化的联系。

第二，围绕积累成语和格言警句、诵读古诗词等活动，帮助学生感受国家通用语言文字的音韵美与节律美，学会待人接物的基本礼节，体会其中的思想情感，体悟其中的爱国情怀。

第三，选取神话故事、寓言故事、人物典故等阅读材料，启发学生理解蕴含其中的做人道理，帮助学生形成孝敬父母、尊敬师长、友爱同学、礼貌待人的意识，养成勤俭节约、吃苦耐劳、言行一致的品质。

第四，围绕中华优秀传统文化主题，组织开展语文实践活动，帮助学生了解中华民族的重要传统节日、节气与风俗，认识中华优秀传统文化在日常生活中的表现及重要价值。

（2）小学中年级的要求

第一，围绕汉字的文化内涵，引导学生熟悉笔、墨、纸、砚等常用的传统书写用具，理解并实践基本的书写要求，形成认真的书写态度。指导学生用毛笔临摹楷书字帖，引导学生接触楷书经典碑帖，认识到汉字是中华优秀传统文化的重要载体。

第二，通过分主题整理成语、格言警句等语言材料和诵读古诗文经典篇目等活动，帮助学生感受国家通用语言文字的结构美与意境美；引导学生查阅相关语言材料和经典篇目的背景资料，感受历史文化的魅力，初步认识中华优秀传统文化蕴含的思想和智慧。

第三，选取名人传记、表现中华优秀传统文化思想的经典篇目，开展寻找历史文化中的榜样、探究爱国情怀等读写活动，引导学生感受先贤志士的人格魅力，启发学生体悟其中的爱国情怀、中华精神、荣辱观念。

第四，组织口语交际活动，讲历史人物故事、爱国故事、传统美德故事；开展语文实践活动，探寻中华精神、荣辱观念在当代社会的体现，帮助学生从不同侧面认识中华优秀传统文化的传承方式。

（3）小学高年级的要求

第一，从文化的角度解释汉字，联系汉字知识帮助学生形成自觉增加识字量和追求写字美观的意识，引导学生逐步做到汉字书写端正美观；引导学生通过临摹和欣赏书法作品感受汉字的独特之美，增进对汉字的美感体验。

第二，通过分主题积累人文典故、文化常识和诵读古诗文经典篇目等活动，引导学生从思想观念、社会风尚、美学追求、生活理念等方面认识国家通用语言文字的博大精深，增强提升自身中华优秀传统文化修养水平的意识和能力。

第三，选取成语故事、历史故事、民间故事、名人传记等阅读材料，开展对联欣赏、撰写等传统语言实践活动，帮助学生初步了解中华优秀传统文化的发展历程，感受中华优秀传统文化弘扬的精神品质与人格力量，增强学生的爱国情感。

第四，组织开展综合性学习，围绕字形的演变、传统节日的现代庆祝方式、先贤志士的成长经历、文化遗址的历史变迁、民族艺术的影响力等主题，帮助学生了解中华优秀传统文化的丰富多彩与发展变化。

（二）革命传统文化融入小学语文教材

1. 革命传统文化融入小学语文教材的意义

对小学生进行革命传统教育，植入红色基因，是贯彻国家的教育方针、落实立德树人根本任务的需要，是增强学生对伟大祖国、中华民族、中华文化等的认识和情感的必然要求，对于传承革命文化，培养德智体美劳全面发展的国家建设者和接班人具有重要意义。将革命传统文化全面融入课程教材，对小学革命传统教育目标、内容、方式等进行顶层设计，是充分发挥革命文化铸魂育人功能，实现革命传统文化教育整体化、系列化、长效化的重要举措。

2. 革命传统文化融入小学语文教材的原则

（1）覆盖全部革命历程，反映革命传统的主要内容。全面梳理在不同历史时期形成的革命传统，统筹兼顾新民主主义革命、社会主义革命和建设、改革开放和社会主义现代化建设三个时期，反映革命传统形成、发展的连续性、延展性、时代性。深入研究、凝练革命传统文化的主要内容，确保正确的政治方向。

（2）遵循学生的认知规律，坚持循序渐进。按照由浅入深原则，一体化设计和分学段安排相结合。基于不同年龄段学生知识结构、认知特点、生活实际，提出相应的教育内容、具体要求和呈现方式，体现一定的进阶性；同时确保革命传统教育的总体要求、核心思想贯彻始终。

（3）结合学科特点，注重有机融入。依据学科内容体系和独特的育人功能，把反映革

小学语文教学与传统文化的融合研究

命传统的重要人物事迹、重大事件、伟大成就、重要论述作品、节日纪念日、故居遗址遗物、馆藏文物等适宜内容纳入语文教材。

3. 革命传统文化融入小学语文教材的目标

革命传统在小学语文教材中总体布局科学有序，内容更加贴近学生思想实际，形式更加多样，吸引力、感染力进一步增强。语文教材在提升学生政治觉悟、体认革命精神、培育优良作风等方面的育人功能显著增强，使中华民族伟大复兴的理想信念更加坚定。

4. 革命传统文化融入小学语文教材的要求

语文是落实革命传统教育的重要课程，在传承和弘扬革命文化中发挥着重要作用。语文学科注重以文化人，引导学生深刻体会革命精神、深入感受爱国主义精神，体认英雄模范的高尚品质，陶冶性情、坚定志向，树立正确的世界观、人生观和价值观。革命传统文化融入小学语文教材，主要载体为革命英雄人物的代表作品及反映他们生平事迹的传记、故事、文学作品；反映党领导人民革命、建设、改革伟大历程和重要事件的作品；有关革命传统人物、事件、节日纪念日活动等方面的新闻、通讯、报告、演讲、访谈等；阐发革命精神的优秀论文与杂文；与选文内容相关的革命圣地、革命旧址和文物的插图等。

（1）小学低年级。选择反映革命领袖、革命家、革命先驱、革命英雄等人物事迹、故事，不同历史时期反映革命传统的传记、故事，使学生知道幸福生活是革命前辈浴血奋战、艰苦奋斗换来的，激发学生对革命领袖、革命家、英雄人物的崇敬之情。

（2）中年级。选择不同历史时期反映革命传统的传记、故事，以及《闪闪的红星》等经典作品，使学生了解有关革命英雄的成长经历，感悟他们的爱国主义情怀和高尚品质，激发学生向英雄模范人物学习的意愿和行动。

（3）高年级。选择反映不同历史时期革命传统的文学作品、老一辈无产阶级革命家的经典诗歌，使学生领悟作品中反映的英雄气概、优良作风和高尚品德，树立为国家富强而奋斗的志向。

二、传统文化融入小学语文课程——经典唱读

传统文化融入小学语文课堂，以经典唱读为例进行阐述。

中华优秀传统文化进课程，是强化中华优秀传统文化铸魂育人功能，落实以中华优秀传统文化涵养社会主义核心价值观，实现中华优秀传统文化传承发展系统化、长效化、制度化的重要举措。

经典，是中华优秀传统文化的精华，是中华民族文化的血液，是先人留给后代的宝贵财富。传承经典，对于永续中华民族的根，坚守中华民族的共同理想信念，筑牢民族文化

自信、价值自信的根基，维护国家文化安全，增强国家文化软实力，培养青少年做堂堂正正的中国人，具有重要意义。

经典唱读，是一种将中华优秀传统文化进课程的内容和形式融为一体的学习方式，它以"立德树人"为统领，以中华优秀传统文化与小学语文学科的内在联系为基础，以适合小学生演唱的中华优秀传统文化经典为主要学习内容，以"唱诵"和"畅读"为基本形式，以课前组织语文课堂教学、课上调节教学和课后丰富精神生活为基本实施途径。"唱诵"就是通过演唱的方式诵读经典，使学生通过演唱怡然亲近经典、充分感受经典；"畅读"就是在"唱诵"的基础上，畅快地阅读经典及相关内容。

小学是人的心理、生理发育的初始阶段，是指导学生"系好人生第一粒扣子"的关键期，该时期对小学生的语言学习和审美观、价值观的教育至关重要。中华传统文化经典诗文歌曲集语言美、道德美和音乐美于一体，具有多重教育功能。

（一）经典唱读的性质

第一，人文性。用中华优秀传统文化经典培根铸魂，立德树人。

第二，辅助性。有机融入语文课程，为其组织课堂教学、调节课堂教学和布置课外作业提供辅助手段。

第三，实践性。在教学目标上强调知行合一，追求对中华优秀传统文化认知、认同和践行的统一，注重引导学生把所学内容转化为价值评判能力和道德实践能力；在教学方式上注重与学生的家庭生活、学校生活和社会实践活动紧密联系，与学生的自我教育活动密切联系。

（二）经典唱读的原则

第一，与语文课程相结合。将中华优秀传统文化蕴含的核心思想理念、人文精神和传统美德，融入对学生语文核心素养的培养。

第二，课前、课上、课后相结合。语文课前，学生自主唱诵，组织教学。语文课上，教师随机、随需点拨唱诵，调节教学。语文课后，布置相关作业，拓展教学。

第三，指导学习与自主学习相结合。既充分发挥教师的指导作用，又注重发挥学生自主学习的能动性。

第四，学校教育、家庭教育、社会教育相结合。既发挥学校的主阵地作用，又加强家庭、社会与学校之间的配合，形成教育合力。

第五，针对性与系统性相结合。既针对不同年段学生的身心发展特点，分层次教学，又注重加强各年段的有机衔接，循序渐进。

（三）经典唱读的建议

第一，"唱诵"和"畅读"相结合。通过"唱诵"亲近、感知经典原文，在此基础上，畅快地阅读有关解说和故事等内容。

第二，充分发挥学生的作用。坚持以学生为主体的理念，教师作为支持者、合作者、指导者，努力为学生创造良好的学习环境和条件，为学生搭建多样化的活动平台，密切联系学生的生活实际，增强学生主体的学习体验，调动学生自主学习的积极性。

第三，积极争取家长的配合。把学校教育与家庭教育紧密结合起来，积极组织开展学生和家长共同参与的经典唱读活动，营造经典唱读的家庭氛围。

(四) 经典唱读的评价

第一，运用多种方法，主要包括：观察法评价，即通过对行为习惯、情感情绪、活动状态等方面的观察，进行综合性评价；歌唱表演及分析评价；访谈及问卷评价；多元化主体评价，鼓励学生自评、他评、家长评、活动评委评等。

第二，关注学习过程。对学生的学习表现、所取得的成绩以及所反映出的情感、态度、价值观等方面的发展做出评价。

第三，重视成果评价。重视学生的文化体验和领悟，重视学生行为习惯的养成，重视学生价值观的形成和文化素养的提高。

(五) 经典唱读的实践

1. 经典唱读——《采桑度》

采桑度

每分钟100拍，选1=F，变调夹夹第4格

南朝乐府　词
亓明国　曲

2. 经典唱读——《二十四节气歌》

二十四节气歌
每分钟90拍

佚　名　词
亓明国　曲

1=F 4/4

```
i 6 5 6 5 6  6 | 5 3 2 3 2 3  3 | 3 2 6 1 2 3  2 |
春雨惊春清谷 天，  夏满芒夏暑相 连。  秋处露秋寒霜 降，

1 6 5 6 5 6  6 | i 6 5 6 5 6  6 | 5 3 2 3 2 3  3 |
冬雪雪冬小大 寒。  春雨惊春清谷 天，  夏满芒夏暑相 连。

3 2 6 1 2 3  2 | i 6 5 6 5  6 | 6 - - - | X X X X X X  X |
秋处露秋寒霜 降，  冬雪雪冬小 大  寒。         每月两节不变 更，

X X X X X X  X | X X X X X X  X | X X X X X X  X |
最多相差一两 天。  上半年来六廿 一，  下半年是八廿 三。

i 6 5 6 5 6  6 | 5 3 2 3 2 3  3 | 3 2 6 1 2 3  2 |
春雨惊春清谷 天，  夏满芒夏暑相 连。  秋处露秋寒霜 降，

1 6 5 6 5 6  6 | i 6 5 6 5 6  6 | 5 3 2 3 2 3  3 |
冬雪雪冬小大 寒。  春雨惊春清谷 天，  夏满芒夏暑相 连。

3 2 6 1 2 3  2 | i 6 5 6 5 - | 6 - 6 - | 6 - - - | 6 0 0 0 ‖
秋处露秋寒霜 降，  冬雪雪冬小   大   寒。
```

3. 经典唱读——《芙蓉楼送辛渐》

芙蓉楼送辛渐

[唐]王昌龄 词
亓明国 曲

1=G 4/4

4. 经典唱读——《关关雎鸠》

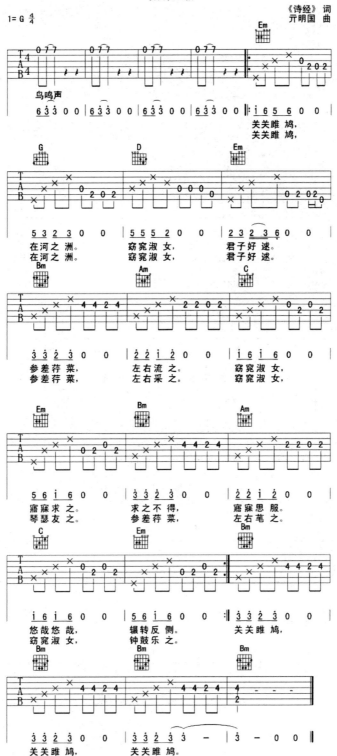

观沧海

每分钟70拍

[三国]曹　操　词
亓明国　曲

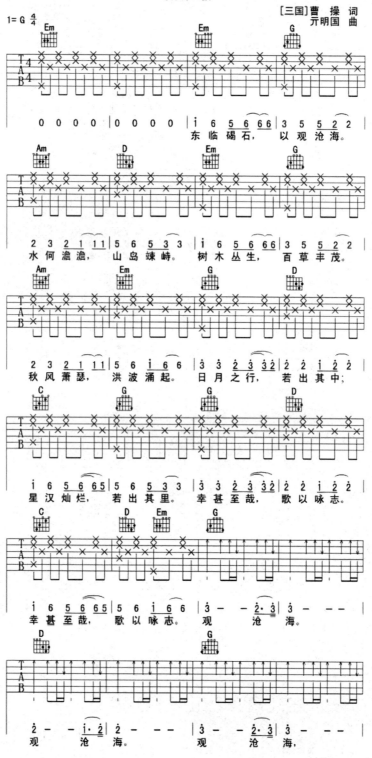

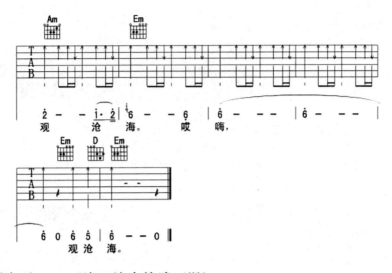

6. 经典畅读——《洛阳访袁拾遗不遇》

洛阳访袁拾遗不遇

[唐] 孟浩然 词
亓明国 曲

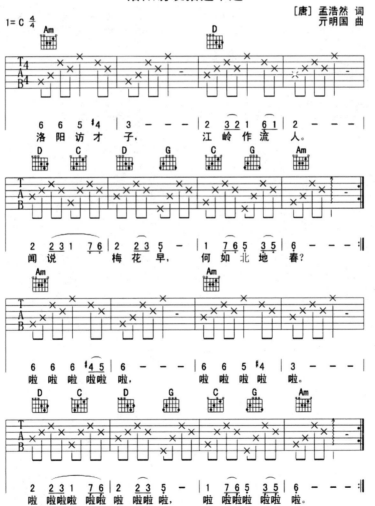

7. 经典畅读——《一年之计在于春》

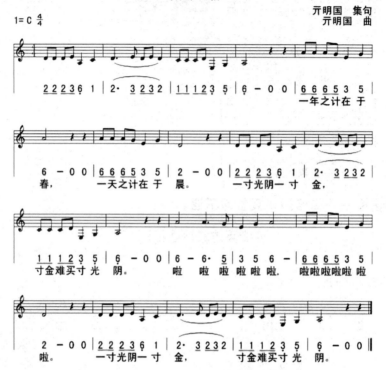

参考文献

[1] 包媛媛，代建军. 真实性学习视阈下统编版小学语文阅读教学策略［J］. 内蒙古师范大学学报（教育科学版），2022，35（2）：96-101.

[2] 曾春才. 核心素养视角下开展小学语文阅读教学的策略［J］. 福建茶叶，2020，42（4）：255.

[3] 陈燕，徐华军. 小学语文中华优秀传统文化活动化学习的思考与实践［J］. 中小学教师培训，2020（10）：31-35.

[4] 高丽凤，于向辉. 关于小学语文阅读教学有效提问的思考［J］. 语文建设，2021（12）：75-77.

[5] 胡明慧. 在小学语文教学中开发利用优秀传统文化资源［J］. 新智慧，2022（8）：30.

[6] 金晓锋. 运用推论阅读策略，发展学生阅读能力——以语文统编教材四年级下册第二单元教学为例［J］. 广西教育（教育时政），2020（7）：48.

[7] 井祥贵. 统编语文教材融合优秀传统文化要素的三维阐释［J］. 教学与管理（小学版），2021（8）：33-36.

[8] 亢连武. 传统文化在小学语文个性化写作教学中的应用研究［M］. 长春：吉林人民出版社，2019：68.

[9] 李虹，王欣萌，刘苗苗，等. 小学语文教科书生字表选字分析与比较［J］. 课程·教材·教法，2022，42（6）：104-109.

[10] 李智胜. 情境教学法在小学语文教学中的应用研究［J］. 福建茶叶，2020，42（2）：213.

[11] 廖娅晖. 小学语文教学设计［M］. 北京：中国铁道出版社，2018：67.

[12] 刘毓容. 小学古诗词教学情境创设方式方法［J］. 语文建设，2020（20）：74-75.

[13] 柳元丹. 小学语文古诗词教学中传统文化渗透策略探究［J］. 考试周刊，2021（41）：45.

[14] 马成. 小学语文情趣识字教学方法举隅［J］. 教学与管理（小学版），2012（10）：39-40.

［15］梅献中. 教师民主权利刍议［J］. 韶关学院学报，2010，31（10）：71.

［16］潘彤. 传统文化的体验教育与课程设计［J］. 现代商贸工业，2017（3）：180-181.

［17］屈哨兵. 充分体认中华优秀传统文化，做好语文教材中的传承实践研究［J］. 教育导刊，2022（6）：5-16.

［18］陶敬轩，俞爱宗. 中华优秀传统文化视角下小学语文古诗词教学研究综述［J］. 现代教育科学，2022（4）：151-156.

［19］汪军. 统编义务教育小学语文教科书传统文化内容中的自然美与社会美［J］. 课程·教材·教法，2019，39（4）：18-24.

［20］王惠惠，于忠海. 小学语文阅读教学工具化反思［J］. 教学与管理（理论版），2016（12）：80-83.

［21］王兴文. 简析小学语文古诗文情景教学方法［J］. 福建茶叶，2019，41（9）：226.

［22］王芸. 小学语文第一学段识字写字教学中优秀传统文化的渗透探讨［J］. 读写算，2022（3）：28.

［23］韦芳. 小学文言文教学中优秀传统文化的传承［J］. 教学与管理，2022（6）：86.

［24］吴菁. 中国传统文化与小学语文阅读教学融合路径探究［J］. 甘肃教育研究，2022（6）：64.

［25］徐鑫. 提升小学语文课程教学有效性的策略探究［J］. 北方文学，2019（6）：189.

［26］张朝娟. "花韵语文"提升学生语文素养［J］. 教学与管理（小学版），2019（5）：4-5.

［27］张厚莲. 小学古诗词文化浸入式教学［J］. 语文建设，2022（4）：75-77.

［28］张嘉鑫，陈志华. 基于整体美感提高的中学语文古诗词教学［J］. 现代中小学教育，2019，35（10）：26-30.

［29］张如娟. 君子文化在小学语文口语交际教学中的应用［J］. 科普童话，2019（8）：102.

［30］张新华. 小学高年级古诗词教学目标的制定［J］. 教学与管理（小学版），2016（1）：40-41.

［31］赵海凤. 小学语文古诗词教学应注重三结合［J］. 中国教育学刊，2018（1）：104.

［32］甄世燕. 小学语文阅读教学策略探析［J］. 学周刊，2022，14（14）：100.

［33］郑丹. 中华优秀传统文化与语文教学［M］. 哈尔滨：黑龙江人民出版社，2018.

［34］郑玉宝. 传统文化特色在小学语文综合性学习中的渗透［J］. 天津教育，2021（36）：2.

［35］周兴东，杨发柱. 小学语文教学中运用信息技术进行传统文化教育的策略探究［J］.

　　学周刊，2022（3）：29.

［36］朱自强. 论小学语文阅读教学的"深入阅读"模式［J］. 课程·教材·教法，2020，

　　40（3）：10-15.

参考文献